"十三五"职业教育部委级规划教材

服装电子商务基础

黄志成　符小聪　何叶　编著

中国纺织出版社有限公司

内 容 提 要

本教材为"十三五"职业教育部委级规划教材，内容包括服装电子商务基础、网络基础知识、服装图片处理和美化、代码制作和优化、数据处理及数据分析、服装电商营销与推广几大模块内容，是学习和从事电子商务工作必备的知识和技能。本教材以淘宝店铺为载体，以项目任务为中心，构建相关电子商务理论知识、发展职业能力。

本教材适合高等院校服装专业学生学习参考，也可供企业设计人员、服装爱好者参考阅读。

图书在版编目（CIP）数据

服装电子商务基础 / 黄志成，符小聪，何叶编著
. -- 北京：中国纺织出版社有限公司，2020.10（2025.7 重印）
"十三五"职业教育部委级规划教材
ISBN 978-7-5180-7752-6

Ⅰ. ①服… Ⅱ. ①黄… ②符… ③何… Ⅲ. ①服装工业 – 电子商务 – 高等职业教育 – 教材 Ⅳ.
① F407.865-39

中国版本图书馆 CIP 数据核字（2020）第 148178 号

责任编辑：郭 沫 责任校对：王蕙莹 责任印制：王艳丽

中国纺织出版社有限公司出版发行
地址：北京市朝阳区百子湾东里A407号楼 邮政编码：100124
销售电话：010—67004422 传真：010—87155801
http://www.c-textilep.com
中国纺织出版社天猫旗舰店
官方微博 http://weibo.com/2119887771
北京通天印刷有限责任公司印刷 各地新华书店经销
2020年10月第1版 2025年7月第2次印刷
开本：787×1092 1/16 印张：11.5
字数：180千字 定价：59.80元

凡购本书，如有缺页、倒页、脱页，由本社图书营销中心调换

前言

无电子，不商务。

目前，一方面，我国已成为世界上最大的服装生产国、出口国和消费国。随着城市化的发展和居民收入水平的提高，服装作为生活必需品，服装行业销售额快速增长。另一方面，自2009年起至今，我国服装电商市场规模呈逐年增长趋势，服装电子商务已经成为中国电子商务最核心、潜力最大的品类市场，且发展空间与潜力巨大。对于每一个服装人而言，一个新的时代已经到来。这，就是趋势。这些，或许我们都耳熟能详。我们需要思考的是，现在的我们，在这一时代大潮前，需要做什么？该怎么做？

本教材是服装设计专业电子商务专业方向同学学习专业课程的入门书，是学生从事电子商务工作必须具备的知识和技能的浓缩，同时，也是学好服装设计专业电子商务专业方向其他专业知识的基础。教材内容以淘宝电商平台为主要运作平台，以淘宝店铺装修设计及运营业务为背景，以实际项目任务为载体，讲授并训练学生从事电子商务领域工作必备的知识和技能。

本教材包括服装电子商务基础、网络基础知识、服装图片处理和美化、代码制作和优化、数据处理及数据分析、服装电商营销与推广六大版块。

教材以淘宝店铺为载体，以项目任务为中心组织内容，构建相关电子商务理论知识，发展职业能力。教材内容突出对职业能力的训练，项目设计以淘宝店铺装修和运营的实际业务为背景，突出能力培养目标，提高读者的电子商务实际应用能力。理论知识的选取紧紧围绕工作任务完成需要来进行，同时又充分考虑了高等职业教育对理论知识学习的需要。

希望通过本教材的学习，使读者能对服装电子商务行业，特别是以大淘宝电商平台为背景的B2C、C2C电子商务业务及其相关职业的知识和能力要求有较深入的了解，激发读者对服装电子商务行业的热情，培养读者具备服装电子商务从业人员必须具备的网络工具的使用、计算机知识、网络技术、软件操作、网络营销等基本职业能力，为进一步的电商专业知识学习打下基础。

本教材模块一由中山职业技术学院黄志成、中山职业技术学院符小聪编撰，模块二由符小聪、何叶编撰，模块三由黄志成、符小聪编撰，模块四由黄志成、何叶编撰，模块五由何叶、符小聪编撰，模块六由黄志成、符小聪编撰，配图由黄志成、符小聪、何叶合作绘制，全书由黄志成负责统稿。

作者
2020年6月

目录

模块一　服装电子商务概述

项目一　了解电子商务

一、电子商务的概念

20世纪90年代互联网的出现，将信息技术和网络技术带入商业领域，并导致商业活动发生广泛、深刻的变革。在诸多关于电子商务的学说中，较全面而又有说服力的是：电子商务指以网络通信技术为手段，以商品、信息交换为中心的商务活动，是传统商业活动各环节的电子化、网络化、信息化。所以，严格意义上讲，电子商务即整个商业活动的电子化。

对电子商务概念的解读，可分为广义和狭义。从狭义上讲，电子商务是指在互联网（Internet）、企业内部网（Intranet）和增值网（Van）上以电子交易方式进行交易活动和相关服务活动，是传统商业活动各环节的电子化、网络化。一般情况下，电子商务是指狭义上的电子商务。从广义上讲，电子商务是指应用计算机与网络技术等现代信息化通信技术，来实现包括电子交易在内的商业交换和行政作业的全过程。电子商务是计算机网络的一次革命，是通过电子手段建立一种新的经济秩序。它不仅涉及商业交易本身，即通过互联网实现商品、服务的买卖、营销与服务，还包括合作伙伴之间的协同业务、企业内部利用信息技术优化企业业务流程，提升企业运营效率，降低成本，从而增强企业核心竞争力的所有业务。

二、电子商务的产生与发展

现在人们所讲的电子商务主要是指在计算机网络环境下，特别是在因特网上所进行的商务活动。电子商务产生和发展的重要条件是：计算机的广泛应用、网络通信技术的普及和成熟、网络信用的建立、电子安全交易协议的制定。电子商务的产生是通信技术、开放经济发展和科技知识交融在经济领域应用的结晶，也是商务发展的必然结果。

从历史来源上讲，自从有了电子通信手段就有了电子商务活动。早在1839年，当电报刚出现的时候，人们就开始运用电子手段进行商务活动的实践。在西方发达国家广泛流行的电话购物和信用卡支付等商务活动也都属于电子商务。但是，真正意义上的电子商务产生于20世纪60年代的基于EDI（Electronic Data Interchange，电子数据交换）的电子商务，并发展于90年代基于因特网的电子商务。

20世纪60~90年代，基于EDI的电子商务在60年代末期产生于美国。当时的贸易商在彼此的计算机上交换数据，EDI应运而生。EDI是将业务文件按一个公认的标准从一台计算机传输到另一台计算机上的电子传输方法。由于EDI大大减少了纸张票据，因此，人们也形象地称之为"无纸贸易"或"无纸交易"。

20世纪90年代中期，国际互联网迅速走向普及化，逐步地从大学、科研机构走向企业和百姓家庭，其功能也已从信息共享演变为一种大众化的信息传播工具。从1991年起，商业贸易活动正式进入到互联网，从此电子商务成为互联网应用的最大热点。

三、电子商务的分类

（一）按网络类型分类

1. 电子数据交换

电子数据交换是按照一个公认的标准和协议，将商务活动中涉及的文件标准化和格式化，通过计算机网络，在贸易伙伴的计算机网络系统之间进行数据交换和自动处理。目前，电子数据交换主要应用于企业与企业、企业与批发商、批发商与零售商之间的批发业务。

2. 基于因特网的电子商务

基于因特网的电子商务指利用联通全球的网络开展的电子商务活动。在因特网上可以进行各种形式的电子商务业务，这种方式所涉及的人员和领域极其广泛，发展迅速，前景诱人，是目前电子商务的主要形式。

3. 基于内联网的电子商务

内联网是在原有局域网上附加一些特定的软件，将局域网与因特网连接起来，从而形成的行业企业内部的网络。所以，基于内联网的电子商务即是行业企业在内部利用内联网开展的电子商务活动。通过这种形式，同行业不同企业间或同企业内部可形成一个商务活动链，从而大大提高工作效率并降低业务的成本。

（二）按交易对象分类

1. 有形产品电子商务

有形产品电子商务涉及的商品是有形的货物的交易，如服装服饰交易。有形产品电子商务交易的商品需要通过物流或商业快递来完成最终的产品交付。

2. 无形产品电子商务

无形产品电子商务涉及的商品是无形的货物和服务，如计算机软件、娱乐服务、信息咨询服务，交易双方可以直接通过网络完成交易所有过程。

（三）按交易地域分类

1. 本地电子商务

本地电子商务通常是指在本地区或者本城市范围内，利用本地的电子商务系统开展的商务活动。这种电子商务，由于其地域优势，通常具备时间短、成本低、亲和力强、线上线下活动结合好的特点。

2. 远程国内电子商务

远程国内电子商务是指在本国范围内进行的网上电子交易活动。与本地电子商务的最大不同是，远程国内电子商务地域范围较广，参与商务活动的各方可能分布在国内不同的省市或地区，对参与商务活动各方的信息基础设施和技术条件要求比较高，要求有覆盖全国范围的信息网络的支持和一个全国性的电子商务环境。

3.全球电子商务

全球电子商务是指在全世界范围内进行的电子交易活动，参加电子交易各方通过网络进行贸易。全球电子商务业务内容繁杂，数据来往频繁，涉及有关交易各方的相关系统，其相关的协调工作和法律惯例规范都是全球性的，具体运作涉及的部门和范围要远远多于或大于一般的电子商务。

四、电子商务的常见业态

（一）B2C

B2C，即Business to Customer，中文简称"商对客"，商业企业直接面向消费者销售产品和服务，也就是商业零售的电子化。这种形式的电子商务以网络零售业为主，主要借助于互联网开展在线销售活动。随着"www"的出现，消费者利用因特网直接参与经济活动变得便捷可行，网上销售得以迅猛发展，如"天猫商城"。

（二）B2B

B2B，即Business to Business，中文简称"商对商"，是商业企业间的经济贸易。企业使用因特网或其他网络为交易寻找合作伙伴，完成从订购到结算的全部交易行为，包括向供应商订货、签约、接受发票和使用电子资金转移、信用证、银行托收等方式进行付款，以及在商贸过程中发生的其他问题，如索赔、商品发送管理和运输跟踪等，如"阿里巴巴"。

（三）C2C

C2C，即Customer to Customer，消费者与消费者之间进行的电子商务或网上事务合作。主要指网上拍卖、跳蚤市场、消费者之间在网上彼此进行一些小额网上交易，如"淘宝网"。

（四）B2G

B2G，即Business to Government，企业与政府间的业务和商务活动。包括企业与政府之间进行的各种手续的报批、政府通过因特网采购、政府在网上以电子交换方式来完成对企业的征税等，如："中国政府采购网"。

项目二 服装电子商务

一、我国服装电商行业现状

目前，我国是世界上最大的服装生产国、出口国和消费国。服装是生活必需消费品，随着城市化的发展和居民收入水平的提高，服装行业销售额快速增长。国家统计局数据显示，2018年我国商品消费总额为338271亿元，服装类消费占商品零售比重为4.05%，2019年约提高到4.16%。2018中国服装类零售总额13707亿元，2019年服装类零售总额约达13849亿元。

自2009年起，我国服装电商市场规模呈逐年增长趋势，由2015年的4306.4亿元增至2018年的8205.4亿元，增长速度由2015年的21.4%到2018年的22%。目前，在电子商务零售市场，服装品类已占据总市场的约40%，用户购买率高达80%，且复购率高。服装电子商务已经成为中国电子商务最核心、潜力最大的品类市场，且发展空间与潜力巨大。

二、我国服装电商平台

（一）综合性电商平台

由于服装品类在整个电子商务中的重要性，一般综合性的电商平台都有经营服装品类。目前，经营服装品类的主要综合性电商平台有：大淘宝（淘宝网和天猫商城）、京东、当当网等。

1. 大淘宝

大淘宝是亚太地区最大的网络零售商圈，包括C2C"淘宝网"和B2C"天猫"，由阿里巴巴集团在2003年5月10日投资创立。大淘宝是中国深受欢迎的网购零售平台，拥有近5亿的注册用户数，每天有超过1.2亿的固定访客，同时每天的在线商品数已经超过10亿件，平均每分钟售出4.8万件商品。

"淘宝网"是我国C2C市场巨头，截至目前，约占总C2C市场的95%的份额。淘宝网服务并培育海量的中小企业，为广大创业者提供前景广阔且低成本的创业平台，创造的直接就业机会达600万。随着淘宝网规模的扩大和用户数量的增加，淘宝也从单一的C2C网络集市变成了包括C2C、分销、拍卖、直供、众筹、定制等多种电子商务模式在内的综合性零售商圈。目前已经成为世界范围的电子商务交易平台之一。

"天猫"，我国B2C市场巨头。原为淘宝商城，2012年1月11日更名为"天猫"。2019年9月7日，中国商业联合会、中华全国商业信息中心发布2018年度中国零售百强名单，天猫排名第一位。天猫整合上万家品牌商、生产商，为商家和消费者之间提供一站式解决方案，提供100%品质保证的商品，七天无理由退货的售后服务，以及购物积分返现等优质服务。2018年11月26日，天猫升级为"大天猫"，形成天猫事业群、天猫超市事业群、天猫进出口事业部三大板块。2019年"天猫双11"全天成交额为2684亿元人民币，超过2018年的2135亿元人民币，再次创下新纪录。

2. 京东

"京东"，中国自营式电商平台，1998年6月18日，由刘强东在中关村成立。目前，京东是中国电子商务领域最受消费者欢迎和最具影响力的电子商务网站之一，是中国B2C市场最大的3C网购专业平台。京东旗下设有京东商城、京东金融、拍拍网、京东智能、O2O及海外事业部等，拥有遍及全国超过1.2亿注册用户，过万家供应商，在线销售家电、数码通信、计算机、家居百货、服装服饰、母婴、图书、食品等十多种大类、数万个品牌、百万种优质商品，日订单处理量超过70万单，网站日均浏览量超过1亿。2019年"京东618"最终数据显示，从2019年6月1日0点到6月18日24点，累计下单金额达2015亿元，覆盖全球消费者达7.5亿。

京东重视物流，自成立以来就坚持建立自己的仓储配送体系，自营配送订单已占全部订单的85%以上。目前，京东拥有北京、上海、广州、成都、武汉、沈阳六大物流中心，约920个配送站点，并在全国大部分高校建立高校代理点和300个自提点，在超过300座重点城市建立了城市配送站，其推出京东211限时达、京东次日达、大家电211服务、京东极速达、京东定时达、京东夜间配、京东自提等优质物流服务，使得仓库与用户之间的距离大幅度缩短，自营的大多数订单都能够当日达或次日达。京东物流很好地保证了用户最后一千米的购物体验，奠定了京东持续发展的根基。

3.当当网

"当当网"成立于1999年11月，由美国IDG集团、卢森堡剑桥集团、日本软银和中国科文公司共同投资，最初主要经营书籍，是全球最大的中文网上书店。当当于美国时间2010年12月8日在纽约证券交易所正式挂牌上市，成为中国第一家完全基于线上业务、在美国上市的B2C网上商城。2016年9月12日，当当从纽交所退市。2019年9月7日，中国商业联合会、中华全国商业信息中心发布2018年度中国零售百强名单，当当网排名第47位。

目前，当当已从早期的网上卖书拓展到网上卖各品类百货，包括服装、美妆、家居、母婴和3C数码等几十个大类、数百万种商品。2014年，当当网第一季度实现GMV（成交总额）为25.53亿元，服装日百平台业务GMV达到11.59亿元；第二季度实现GMV为33亿元中，服装日百平台业务GMV实现14.3亿，与去年同期相比增加89%，增速远高于图书业务。目前，服装品类交易规模已经超过整体平台交易额的一半，增速连续6个季度超过图书和其他百货，成为增长最迅猛的品类。

（二）时尚电商平台

时尚电商平台，即主要经营时尚产品的细分平台。目前影响力较大的主要有唯品会、聚尚网、佳品网、尚品网等，其中规模最大、最具代表性的是唯品会。

"唯品会"，2008年12月8日上线，中国第三大电商。目前，注册会员3.3亿，超级VIP会员数量超过350万。2018年唯品会净营收845亿元，总订单数量为4.374亿份，用户复购率达85%。业务范围涵盖服饰、鞋类、美妆、箱包、家纺、皮具等各大时尚品类。

区别于其他网购平台，唯品会定位于"一家专门做特卖的网站"，主营业务为互联网在线销售品牌折扣商品，在国内开创了"特卖"这一独特的商业模式。每天上新品，以低至1折的深度折扣及充满乐趣的限时抢购模式，向中国消费者提供低价优质的品牌正品。它与知名国内外品牌代理商及厂家合作，累计合作品牌已经近2万个，其中2千多个为全网独家合作。

同京东一样，唯品会建立了自己强大的物流体系。目前，唯品会在华南、华北、西南、华中、华东、东北和西北一共设立了七大仓储物流中心，拥有遍布国内外10个前置仓，占地面积约30000平方米的蜂巢全自动集货缓存系统，仓储面积超过300万平方米，覆盖290多条公路的干线运输，与各大航空公司合作的专属舱位航空货运，覆盖全国县、乡镇的3900多个自营配送点为一体的仓储、运输配送体系及仓库、运输团队。

（三）服装类目垂直电商平台

垂直电子商务是指在某一个行业或细分市场深化运营的电子商务模式。垂直电子商务网站多为从事B2C或者B2B业务，并且其业务都是针对同类产品的。目前，中国服装类目的垂直电商有梦芭莎、邦购网、衣联网等，其中规模最大、最具代表性的是梦芭莎。

"梦芭莎"，2006年12月创立，是时尚服饰供应管理机构美国衣路集团旗下核心网络零售平台，其注册会员高达数千万，二次购买率超过70%。梦芭莎实行自主多品牌管理，集团旗下主流品牌包括：TAYLOR & SAGE、ASTRONOMY、MOONBASA、MONTEAMOR、OCEAN CURRENT、APLOMB、FRIZZ、SUORANG、ING2ING、KORIRL等20多个，覆盖不同区域不同年龄不同消费属性的客户人群。

"梦芭莎"的核心产品是内衣，其产品覆盖男装、女装、童装、内衣及化妆品等多个子品类。拥有产品设计、品牌推广、供应链全球化、全方位采购、品牌管理、物流配送等综合能力，在美国洛杉矶、纽约、中国香港、上海、广州和北京设有多个设计及产品管理中心。在我国和美国建立了物流仓储配送基地，同时通过和国内外的物流集团合作，产品配送能力覆盖中国大部分地区和世界各地。

三、服装电商从业者能力要求

服装电商平台众多，平台商业模式和定位存在不小的差异，不同平台从业人员岗位各异，能力要求略有不同，但是，核心能力要求大同小异。淘宝网在一众平台中，具有典型性，处于行业领头羊地位，其技术成熟且具有通用性，本书基于淘宝平台，来熟悉淘宝网店的主要岗位及核心能力要求。

（一）与服装产品相关的岗位及能力要求

随着电商的日益发展，产品成败才是电商成功与否的决定因素。有良好的、高竞争力的产品，其他工作就会事半功倍。淘宝网店与产品相关的岗位都是围绕如何设计生产出有竞争力的产品展开的，如产品经理、产品专员以及所有服装设计、生产岗位。该类岗位由于与服装产品本身的设计、生产等有密切关系，所以岗位任职都要求有丰富的服装专业知识，部分岗位还需要加上一定的营销知识。通常，这类岗位人员需要有服装专业学习背景。

（二）服装网店运营推广类岗位及能力要求

网店运营推广类岗位人员的核心能力要求是店铺管理及营销推广能力。在较大的店铺中，运营和推广通常会分开专人担任。这类岗位要求负责网店整体规划、营销、推广、客户关系管理等系统经营性工作，能力要求高，知识面要求广。其核心能力包括营销能力、网络推广能力、策划能力、组织协调能力、产品知识等。

目前，淘宝已经进入数据时代，所有经营成果，市场趋势都以数字的形式呈现。所以，对于运营推广人员来说，其所有能力的基础都建立在数据处理及数据分析之上。所以，数据处理及数据分析能力成为网店运营推广类岗位所有能力的基础和链接点，从而成为该岗位最重要、最核心的能力。

（三）服装网店视觉设计类岗位及能力要求

服装网店所有重要信息都最先以视觉传达的方式呈现在顾客面前，所以，视觉设计的重要性不言而喻。服装网店视觉设计类岗位，如网店美工、装修设计等岗位，其最核心的能力就是图形、图像的处理和设计。

与普通平面设计不同在于，服装网店视觉设计不是简单的视觉设计，还有一个重要的内容是其与网页及SEO（Search Engine Optimization）的结合，这也是网店视觉设计最核心、最有技术含量的部分。网页及SEO都需要应用代码，所以代码制作和优化也成为网店设计师最核心的能力。同时，运营和推广也会用到代码，所以代码设计就当仁不让地成为从事电商设计、运营和推广从业人员的核心能力。

（四）服装网店服务类岗位及能力要求

服装网店服务类岗位主要做一些网店销售的辅助性工作，如客服、收发货等。由于这些岗位直接面对消费者，所以其服务质量和水平对顾客购买决策有着巨大而直接的影响。由于岗位的不同，服务类岗位能力要求各有差别。例如，客服岗位的核心能力为积极快速的响应能力、对货品专业的解读等；收发货核心能力为细致认真的工作态度、一定的仓储知识等。

网店从业人员除了以上各岗位能力以外，还有一些能力是这一行业所有人员必备的核心能力，即计算机操作能力、网络安全意识和防范能力。当然，也有所有职业人都必须具备的良好的职业素养、合作意识等。

基于以上分析，本教材将在后面的章节中，详细讲解服装电商从业者的五大核心能力：网络应用及网络安全、图片处理和美化设计、代码制作和优化、数据处理及数据分析；基础网络营销与维护，协助大家完善自己的电商基础知识体系，培养和训练电商从业核心技能。

模块二 服装电商与网络应用

项目一 网络基础知识

一、计算机网络

计算机网络就是把分布在不同地理区域的具有独立操作系统的计算机，利用通信线路物理地联接起来，按照网络协议相互通信，以共享软件、硬件和信息资源为目标的系统。计算机网络最基本也是最核心的功能是完成网络中各个节点之间的通信，从而实现网络系统中若干计算机的硬件、软件和数据的共享和工作协同，它是通信技术与计算机的完美结合。

（一）计算机网络的分类

1.从网络的地理范围进行分类

（1）局域网：Local Area Network，缩写LAN，是目前最常见、应用最广的一种网络。覆盖范围为几米到几千米，配置计算机数量可两台到几百台。局域网内传输速率较高，误码率较低，结构简单，容易实现。例如，在一个学校范围内的局域网，通常我们称为校园网。

（2）城域网：Metropolitan Area Network，缩写MAN，指一个特定范围内（一般来说是一个城市）的计算机和局域网的互联。联接距离可以在10米到100千米，联接的计算机数量较局域网更多，在地理范围上可以说是局域网的延伸。在一个大型城市或都市地区，一个MAN网络通常联接着多个LAN网络。例如，联接政府机构的LAN、医院的LAN、电信的LAN、公司企业的LAN等。

（3）广域网：Wide Area Network，缩写WAN，又称外网、公网，是连接不同城市地区局域网或城域网的远程网。地理范围通常为几十千米到几千千米，能联接多个地区、城市和国家。与局域网靠交换机来进行联接不同，广域网则是靠路由器将多个局域网进行连接。但广域网并不等同于互联网。

2.从网络用途进行分类

（1）公用网：一般是国家的邮电部门建造的网络。"公用"的意思就是所有愿意按邮电部门规定交纳费用的人都可以使用。因此,公用网也可以称为公众网，如CHINANET、CERNET等。

（2）专用网：是某个部门为本单位的特殊工作的需要而建立的网络。这种网络不向本单位以外的人提供服务。例如，军队、铁路、电力等系统均有本系统的专用网。

3.从传输媒介进行分类

（1）有线网：采用同轴电缆、双绞线和光纤来联接的计算机网络。同轴电缆网经济，安装较为便利，传输率和抗干扰能力一般，传输距离较短。双绞线网价格便宜，安装方便，但易受干扰，传输率较低，传输距离比同轴电缆要短。光纤，即光导纤维，是一种利用光在玻璃或塑料制成的纤维中的全反射原理而达成的光传导工具。微细的光纤封装在塑料护套中，使得它能够弯曲而不至于断裂。由于光在光导纤维的传导损耗比电在电线传导的损耗低得多，光纤被用作长距离的信息传递。

（2）无线网：是指无需布线就能实现各种通信设备互联的网络。其主要采用空气作传输介质,依靠电磁波和红外线等作为载体来传输数据，它突破了时空的限制，联网方式方便灵活、可移动性强。但安全性是无线通信网络最大的潜在危险，无线网络安全防护技术工作至关重要。无线网络安全服务要求主要包括保密性、身份认证、数据完整性和服务不可否认性四点。

（二）互联网

互联网又称为因特网（Internet），是目前影响最大的联通全世界的一个超级计算机互联网络。它融合了现代通信技术和现代计算机技术，将各种不同类型、不同规模、位于不同地理位置的物理网络连接成一个整体，形成一个超级庞大的信息资源和资源共享的数据库，人们可以利用搜索引擎从该数据库上找到并传递信息。

因特网起源于美国，最早为1969年美国国防部高级研究计划局（Defense Advanced Research Projects Agency,DARPA）的前身ARPA建立的ARPAnet。最初的ARPAnet主要用于军事研究，1972 年，ARPAnet首次与公众见面。1990年6月，美国国家科学基金会（National Science Foundation,NSF）建立的美国国家科学基金网NSFnet彻底取代了ARPAnet而成为因特网的主干网。1991年底，NSFnet的主干网同先进网络与科学公司ANS（Advanced Network & Science,Inc）建立的T3级主干网相通。由此，因特网向社会全面开放，并成为全世界最大的互联网络。

（三）万维网、网页、网站

首先需要明确的是，因特网不是万维网（World Wide Web，WWW）。因特网为用户提供包括电子邮件服务、文件传输服务、远程登录服务、网络电话、网络社区等多种服务，万维网只是因特网上集文本、声音、图像、视频等多媒体信息于一身的全球信息资源网络，是因特网上众多服务中的一种。

在万维网上，用户使用浏览器（Browser）在因特网中搜索浏览，获取自己感兴趣的资料信息。浏览器是一个客户端的程序，专门用来显示用超文件标记语言HTML（Hyper Text Markup Language）编写，并在超文件传输协议HTTP（Hype Text Transmission Protocol）支持下运行的"网页"。超文本中不仅含有文本信息，还包括图形、声音、图像、视频等多媒体信息，并隐含着指向其他超文本的超链接（Hyper Links）。利用超文本，用户能轻松地从一个网页链接到其他相关内容的网页上，而不必关心这些网页分散在何处的主机中。顺着超链接走的行为又叫浏览网页。相关的数据组成的网页群，叫网站。

（四）互联网TCP/IP 协议

TCP/IP（Transmission Control Protocol/Internet Protocol），即网络通信协议,是因特网最基本的协议，它对互联网通信的标准和方法进行了规定，以确保在多个不同网络间实现信息及时、完整的传输。TCP/IP协议是指一个由FTP、SMTP、TCP、UDP、IP等协议构成的协议簇，其中TCP协议和IP协议最具代表性，所以被称为TCP/IP协议。TCP/IP协议实行分层管理，共为四层协议，其分别为应用层、传输层、网络层和数据链路层，具体如下：

（1）Telnet、FTP、DNS、HTTP、SMTP等为应用层协议，是用来接收来自传输层的数据或者按不同应用要求与方式将数据传输至传输层。应用层一般是我们编写的应用程序，其决定了向用户提供的何种应用服务。

（2）UDP、TCP为传输层协议，是使用者使用平台和计算机信息网内部数据结合的通道，实现数据传输与数据共享。

（3）ICMP、IP、IGMP为网络层协议，主要负责处理在网络上传输的最小数据单位"数据包"，该层规定了通过怎样的路径到达对方计算机，并把数据包传输给对方。

（4）ARP、RARP为网络访问层协议，访问层用来处理联接网络的硬件部分，包括控制操作系统、硬件设备驱动、NIC以及光纤等物理可见部分。主要功能是提供链路管理错误检测、对不同通信媒介有关信息细节问题进行有效处理。

（五）DNS和HTTP协议

在TCP/IP各层协议中，与普通电商从业者关系相对密切的是应用层协议。其中，最常见的是HTTP和DNS协议。HTTP是基于万维网的请求—响应的超文本传输协议，它指定了客户端发送给服务器什么样的消息以及得到什么样的响应。HTTP协议是基于C/S架构进行通信的，其客户端的实现程序主要是浏览器。Web服务是基于TCP的，因此为了能够随时响应客户端的请求，Web服务器需要监听在80/TCP端口。这样，客户端浏览器和Web服务器之间就可以通过HTTP协议进行通信了。

DNS（Domain Name System），域名系统协议，是因特网上解决网上机器命名的一种系统，是一种分布式网络目录服务，主要用于域名与IP地址的相互转换，并控制Internet的电子邮件的发送。域名系统是Internet的一项核心服务，它作为可以将域名和IP地址相互映射的一个分布式数据库，能够使人更方便地访问互联网，而不用去记住能够被机器直接读取的IP数串。

（六）IP地址

IP地址是运行TCP/IP协议的唯一标识，它为因特网上的每一个网络和每一台主机分配一个网络地址，以此来屏蔽物理地址的差异。IP地址由网络号（网络ID）和主机号（主机ID）两部分4个分段的16进制32位长的数字组成。按照IP协议规定，互联网上的地址共分为以下三大类：

1.第一类地址（A类）

用前面8位来标识网络号，最前面一位为"0"，24位标识主机地址，地址的第一段值为"00000001到01111111"，转换为十进制后为整数1~128。主机号不限，所以它的IP地址范围为"1.0.0.0到128.255.255.255"。此类地址通常为大型政府网络而提供，地址数最少，但网络所允许联接的计算机数量最多。

2.第二类地址（B类）

用前面16位来标识网络号，最前面两位规定为"10"，16位标识主机号，地址的第一段值为"10000000到10111111"，转换成十进制后为整数128~191。第一段和第二段合在一起表示网络地址，地址范围为"128.0.0.0到191.255.255.255"。其中，172.16.0.0到172.31.255.254地址段有专门用途。此地址适用于中等规模的网络，每个网络最多可以联接65534台计算机。

3.第三类地址（C类）

用前面24位来标识网络号，最前面三位规定为"110"，8位标识主机号地址的第一段取值为"11000000到11011111"，转换成十进制后为整数192～223。第一段、第二段、第三段合在一起表示网络号，最后一段标示网络上的主机号。它的地址范围为"192.0.0.0到223.255.255.255"，其中，"192.168.0.0到192.168.255.255"为企业局域网专用地址段。C类地址适用于小型网络，每个C类网络最多可以有254台计算机。这类地址数量最多，但每个地址允许联接的计算机数最少。

还有一些比较特殊的地址，如它用于多重广播组、实验性、保留性、测试性地址用地址，这类地址相对少见，且与普通电商用户关系不大。

（七）子网掩码和域名

目前正在使用的IP协议是第4版的，称之为"IPv4"，新版本的IP协议即"IPv6"正在完善过程中。"IPv6"所要解决的核心问题是"IPv4"协议中IP地址不够的现象。"IPv4"所采用的是32位，而"IPv6"则是128位，地址数是原来的4倍。

子网掩码，为了解决"IPv4"标准中的IP地址不够用的问题，在IP地址上增加了一系列识别号，这些识别号即为子网掩码。TCP／IP协议规定，A类网络的子网掩码格式为"255.0.0.0"，后面的"0"可以为整数0~254任一数字。B类网络的子网掩码格式为"255.255.0.0"，C类网络的子网掩码为格式为"255.255.255.0"，同样，其中的"0"可以是整数0~254任一数字。如果没有子网，可以为"0"，也可以不配置，如果有子网则一定要配置。

（八）域名和域名体系

1.域名

IP地址是以数字形式表示的计算机地址。数字地址抽象且难以记忆，因此，因特网为每台计算机建立与数字IP地址对应的域名地址，用户可以直接用域名地址来标记网上的计算机。因特网上每一子域都设有域名服务器，服务器中包含有该子域的全体域名和地址信息。因特网每台主机上都有地址转换请求程序，负责域名与IP地址转换。要把计算机连入因特网，必须获得网上唯一的IP地址与对应的域名地址。

域名地址也是分段表示的，每段分别授权给不同的机构管理，各段之间用圆点"."分隔。与IP地址相反，各段自左至右级别是越来越高，如淘宝网域名为taobao.com。

2.域名体系

因特网对通用性的域名做了规定，并由此形成一系列的域名体系。域名体系整体按区域和类型的不同分为两类，其中，区域名用两个字母表示世界各国和地区，类型名按对应机构的性质共分14个。

（1）按区域分：中国"cn"、日本"jp"、德国"de"、韩国"sg"、美国"us"、英国"uk"等。中国互联网络的域名体系中，顶级域名为"cn"。区域可增加二级域名，通常用两个字符的汉语拼音，如北京"bj"、上海"sh"，可以直接使用中文命名域名。如果在一个域名的末尾没有找到地理域，就可以假定该域名是出自美国的，其他国家的右边第一个域名是代表相应的国家。

（2）按类型分：商业"com"、教育单位"edu"、政府部门"gov"、网络机构"net"、非营利组织"org"、军事机构"mil"、公司企业"firm"、个人单位"nom"等。跨国单位通常在其单位类型名后加上国别，如一些国外单位在中国公司的网址，通常是在".com"后加上".cn"或者"/cn"，还有的是加上"/china"来表示中国站点，如亚马逊的中国站点为https://www.amazon.cn/。

二、网页

（一）认识网页

网页是一个用HTML语言编写的文本文件，它通过网页浏览器的解释和排版，以文字、图片、视频等多种形式呈现出来。网页是构成网站的基本元素，多个网页一起构成一个网站。人们可以通过网页浏览器来访问网页和网站，获取自己需要的资讯或者享受网络服务。

（二）淘宝店铺和店铺页面

我们可以将每个淘宝店铺看成一个集合了许多网页页面的网站，淘宝店铺就是由这一个个页面集合而成。根据页面的功能，淘宝店铺的页面可以分为如下几类：

1.基础页

基础页就是构成淘宝店铺最基础的页面。淘宝店铺的基础页有两种，首页和店内搜索页，每个淘宝店铺只有一个首页和一个店内搜索页面。例如，图2-1为店铺首页局部、图2-2为店铺搜索页局部。❶

图2-1 店铺首页局部

---

❶ 图片来自"inman"品牌天猫官方旗舰店网页截图。

2.宝贝详情页

宝贝详情页就是展示宝贝的页面。在淘宝店铺里，每一个宝贝对应一个宝贝详情页（图2-3）。

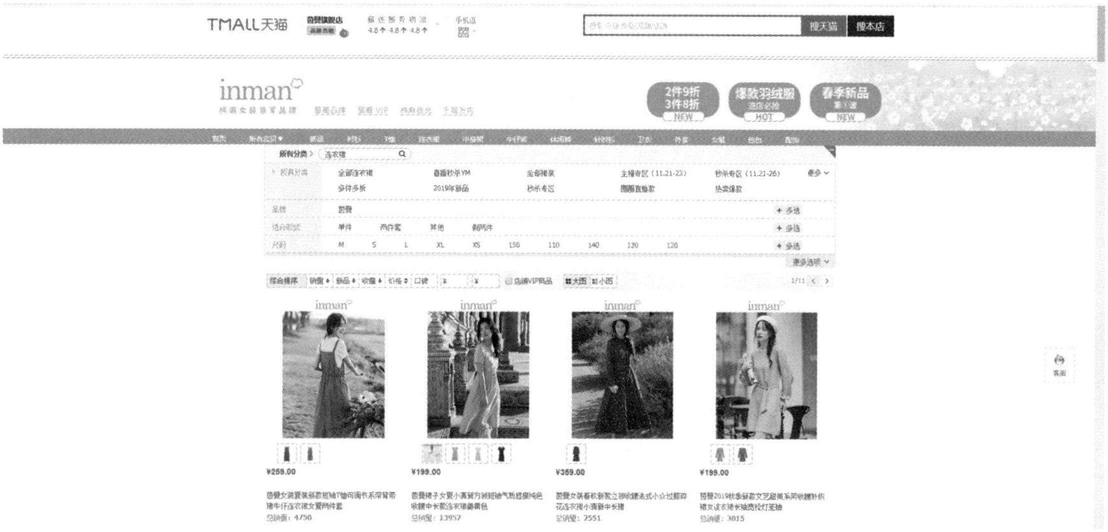

图2-2 店铺搜索页局部

图2-3 宝贝详情页局部

3.宝贝列表页

宝贝列表页，就是分列展示店铺所有宝贝的页面，每个店铺一个（图2-4）。

4.自定义页

自定义页，即店铺里可以根据自己需要增加和定义的页面（图2-5）。

图2-4　宝贝列表页局部

图2-5　自定义页局部

5.促销承接页

促销承接页，该页面平时没有，只有申报淘宝官方大的促销活动成功后，官方统一生成的页面。该页面用户也可以"装修"，但通常需要遵循淘宝官方活动的统一要求，并接受严格的审核。

　　由于淘宝店铺是由各个页面构成，所以对淘宝店铺的装修设计，本质就是对各页面的装修设计。其中最常见也是最重要的是首页设计和详情页设计。首页设计向客户展现了店铺和品牌的整体形象和风格，而产品详情页设计则向客户展示具体产品。首页只有一个，但需要不定期更换设计，而详情页数量众多，可以所有产品统一一个设计版式，也可以针对不同产品而不同。

　　与普通网页可以自由设计不同的是，淘宝店铺的网页需要在淘宝统一架构下设计。这个架构严格规定了网页设计中的模块分类及大小、背景设置、可使用的代码等，从而保障了整个淘宝网的安全稳定和整体视觉效果，也一定程度上限制了设计的自由度。同时，淘宝网也在后台为客户提供简单便捷的可视化操作界面，从而大大降低了设计难度，增加了普通卖家店铺装修设计的操作性。

三、网络安全和文件安全

（一）网络安全

　　随着社会经济的发展，网络给我们带来了丰富的信息资源，便捷服务，但也存在着巨大的安全隐患。网络安全是指网络系统中的硬件、软件及其系统中的数据不受偶然的或者恶意的原因而遭到破坏、更改、泄露，系统连续可靠、正常运行，网络服务不中断。从其本质上来讲，网络安全就是网络上的信息安全，凡是涉及网络上信息的保密性、完整性、可用性、真实性和可控性的都是网络安全的范畴。

　　对于不同的网络用户而言，网络安全的具体含义不同。对于国家安全部门来说，网络安全意味着对非法的、有害的或涉及国家机密的信息进行过滤和防堵，避免机要信息泄露。对于意识形态和精神文明管理者来讲，网络上反动的、不健康的内容，必须对其进行控制。对于网络运行和管理者来说，网络安全意味着对本地网络信息的访问、读写等操作受到保护和控制，避免出现病毒入侵、非法存取、拒绝服务和网络资源非法占用和非法控制等威胁，制止和防御网络黑客的攻击。作为普通的电商从业者，网络安全意味着涉及个人隐私或商业利益的信息在网络上传输时受到机密性、完整性和真实性的保护，避免其他人的侵犯访问和破坏。

　　当前，网络安全问题日益突出，网络犯层出不穷。计算机犯罪具有瞬时性、广域性、专业性、时空分离性等特点，且很难留下犯罪证据，这大大刺激了计算机高技术犯罪案件的发生，计算机犯罪案率的迅速增加，使全世界的计算机系统特别是网络系统面临着很大的威胁，已经成为普遍的国际性问题。

（二）电商用户网络安全及方法

1.网络设备的物理安全

　　普通用户的网络设备物理安全主要集中在计算机硬件的安全上，如硬件物理损坏（如硬盘损坏）、设备故障（如各种计算机硬件质量问题）、意外事故（如突然停电导致文件损失）、操作失误（如格式化硬盘）等。解决方案：加强设备的维护和管理，加强人员的计算机知识和安全意识，同时增强防护措施，完善安全制度，及时规范的数据备份等。

2.上网安全

对于普通用户而言，上网安全主要是确保计算机系统、网络系统和应用软件的使用安全，从而确保个人信息和文件安全。

计算机系统和网络系统的安全稳定运行是普通电商用户工作和业务开展的基础。常用的操作系统，无论是Windows还是Ios都或多或少的存在安全漏洞。通常，黑客都是从发现并利用计算机系统和网络系统安全漏洞开始，设计相应计算机病毒进行威胁和攻击。一旦计算机感染病毒，轻则系统执行效率下降，重则系统死机或毁坏，从而导致部分文件或全部数据文件丢失，甚至造成计算机系统硬件设备等部件的损坏，从而对网络系统的安全构成极大的威胁。现在计算机都装有应用软件，但任何一个应用软件系统都可能会因为设计的缺陷而存在漏洞，有漏洞即存在安全隐患。

3.应对方法

（1）配置防火墙。因特网防火墙负责管理因特网和机构内部网络之间的访问，其实质上是一种隔离技术，将内部网和公开网分开。利用防火墙，在网络通信时执行一种访问控制尺度，允许防火墙同意访问的用户与数据进入自己的内部网络，同时将不允许的用户与数据拒之门外，最大限度地阻止网络中的黑客随意访问自己的网络。

防火墙是用以阻止网络中的黑客访问某个机构网络的一道屏障，是控制进、出两个方向通信的安全门。它在网络边界上通过建立起来的相应网络通信监控系统来隔离内部和外部网络，阻挡外部网络的入侵，防止网络上的不安全因素蔓延到局域网内部，简化安全管理，监视网络的安全性，并产生报警。它是网络安全的屏障，是一种行之有效且应用广泛的网络安全机制，是保护网络安全最主要的手段之一，是网络安全的重要一环。

（2）安装防、杀病毒软件。防病毒软件放置在内部网络和互联网联接处，防病毒软件可以将大部分病毒隔离在外部，它同时具有反垃圾邮件和反间谍软件的能力。当出现新的病毒时，需要将防病毒软件升级以抵御新病毒的攻击。杀病毒软件则可对病毒进行清除，保障系统和软件的安全。养成不定时使用杀毒软件扫描自己的计算机的习惯，将闯入计算机的病毒及时清除。

（3）避免恶意网站设置的陷阱。互联网存在各种网站和钓鱼网站或链接，其恶意编制一些盗取他人信息的软件，只要登录或者下载其信息就会被其控制和感染。因此，上互联网时应格外注意，陌生的不安全网站不可登录，在网上下载信息也要小心谨慎。

（三）计算机和文件加密

计算机和文件的加密既可保护网内计算机免受外界的攻击，同时，也可以防止内部工作人员的不良行为引起的安全问题。电商从业者，特别是核心岗位从业人员，应该有强烈的数据安全意识，随时设置计算机及文件密码，控制文件安全和限制访问，以确保信息安全。

同时，重要的数据需及时备份。通常，操作系统都附带有功能较强的备份程序，但同时也还存在各种缺陷。各类数据库管理系统也都有一定的数据复制的机理和功能，但对整个系统的数据备份来说仍有不够完备之处。所以，若想从根本上解决整个系统数据的可靠备份问题，选择专门的备份软件、硬件，建立专用的数据备份系统是不可缺少的。

任务1：计算机加密

1.任务目标

为电商用个人计算机添加密码，为网络安全和计算机内的文件安全设立一道屏障。

2.任务训练的核心技能

用户账户的使用、计算机密码设置、计算机锁定。

3.任务操作详细步骤

（1）第一步：双击桌面"计算机"图标，再单击"控制面板"，再点击"用户账户和家庭安全"，到达"设置用户账户"窗口，点击"更改 Windows 密码"（图2-6）。

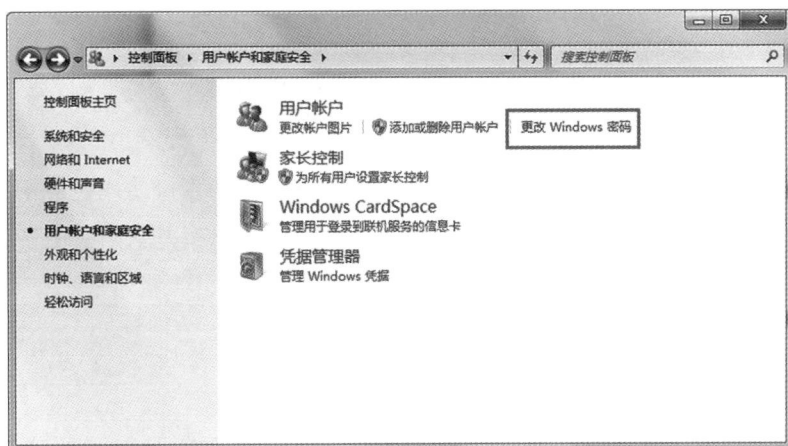

图2-6 用户账户窗口

（2）第二步：单击"为您的账户创建密码"，到达"创建密码"窗口（图2-7）。

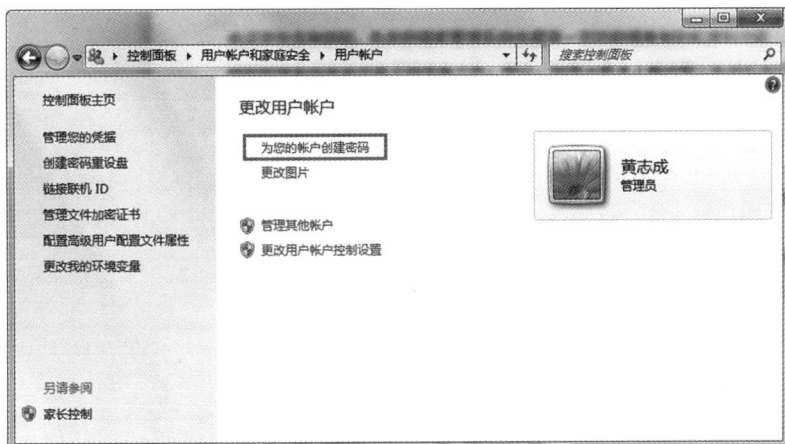

图2-7 创建密码窗口

（3）第三步：在窗口中输入密码，再确认密码，选填密码提示，点击"创建密码"后，计算机创建密码成功（图2-8）。

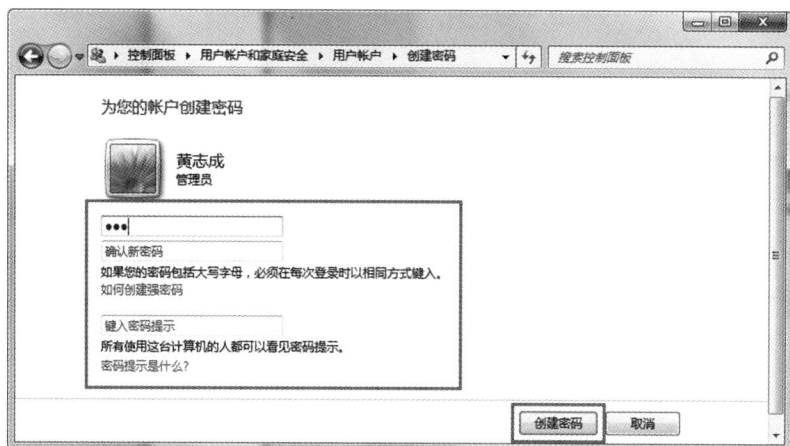

图2-8　密码输入窗口

计算机成功创建密码后，要进入计算机必须输入密码。计算机使用过程中，使用者中途可按 " +L" 快捷键锁定计算机，激活该机必须输入密码。如果不用密码访问，可提前开启 "来宾账户"。

任务2：文件加密和隐藏

1.任务目标

为电商数据文件添加密码和隐藏文件，为文件安全再设立一道屏障。

2.任务训练的核心技能

文件加密、文件后缀名使用技巧、文件隐藏。

3.任务操作详细步骤

（1）第一步：在桌面以右键单击，新建一个Word文档。重命名文件名为 "文件加密" 首字母 "WJJM"。打开文件，编辑文件：输入文字 "文件加密" 后，单击 "文件另存为"，跳出对话框，单击 "工具" — "常规选项"（图2-9）。

（2）第二步：在对话框中输入 "打开文件时的密码" 和 "修改文件时的密码"，单击 "确定"（图2-10）。

（3）第三步：在跳出的 "确认密码" 对话框中确认前面输入的密码，然后单击 "保存"，文件加密成功（图2-11）。

（4）第四步：文件加密成功后，要再次打开文档则需要键入密码（图2-12）。

（5）第五步：更改文件后缀名，混扰文件打开方式。在Windows系统中，每个文件都根据其编辑软件的不同，自动添加其文件的后缀名，以引导文件找到相应的软件打开。例如，上例文件的后缀名为 ".docx"，单击文件时，该后缀名会自动应用Word软件打开。所以，更改文件后缀名，会更改文件默认的打开方式。所以，我们可以通过更改文件后缀名，隐藏文件的原来编辑软件，并混扰文件打开方式。我们可以将文件后缀名更改为系统文件的后缀名，如 ".ecf"，并将文件放到系统文件夹中，从而达到将文件伪装为系统文件的目的（图2-13）。

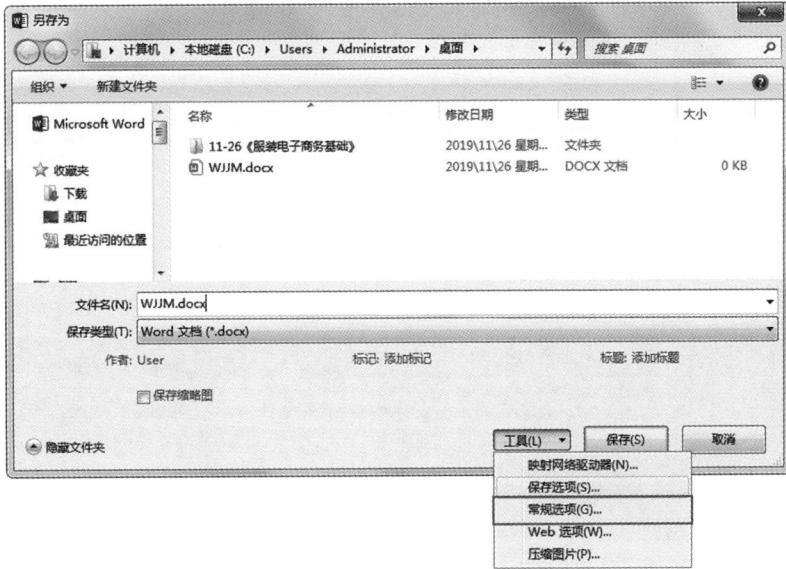

图2-9　文件另存为对话框

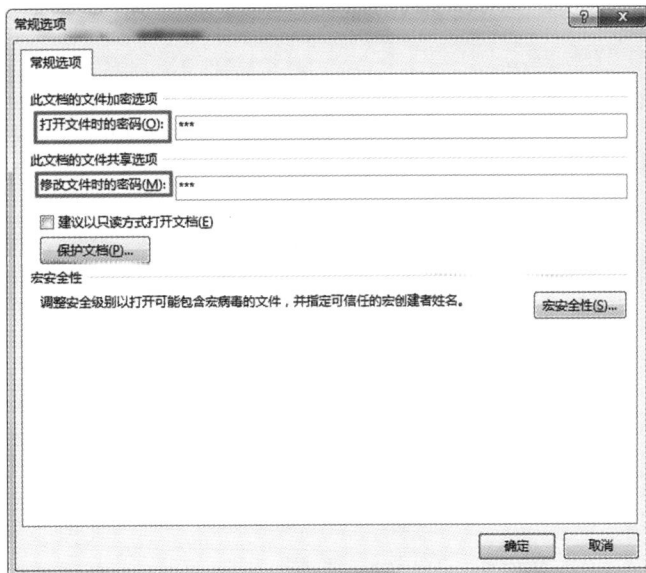

图2-10　文件加密对话框

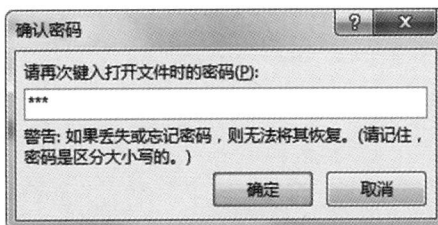

图2-11　密码确认对话框

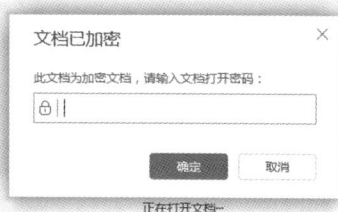

图2-12　打开文档对话框

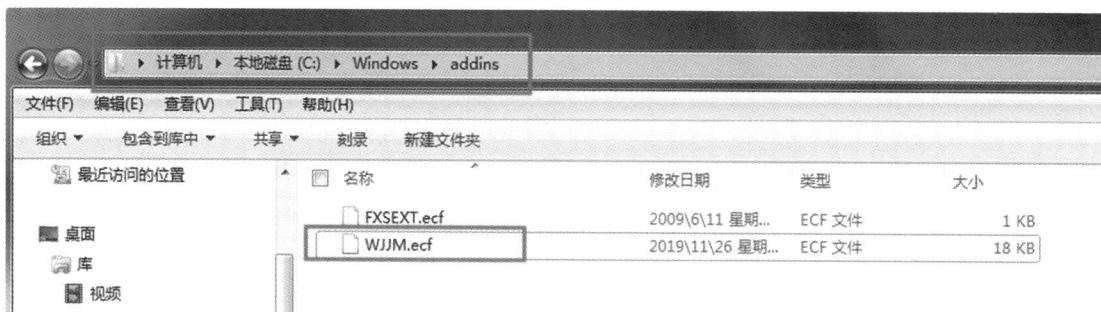

图2-13　更改文件后缀名

（6）第六步：隐藏文件。选择文件，单击右键，选择"属性"，跳出属性对话框。选择属性为"隐藏"，文件图标变灰（图2-14）。

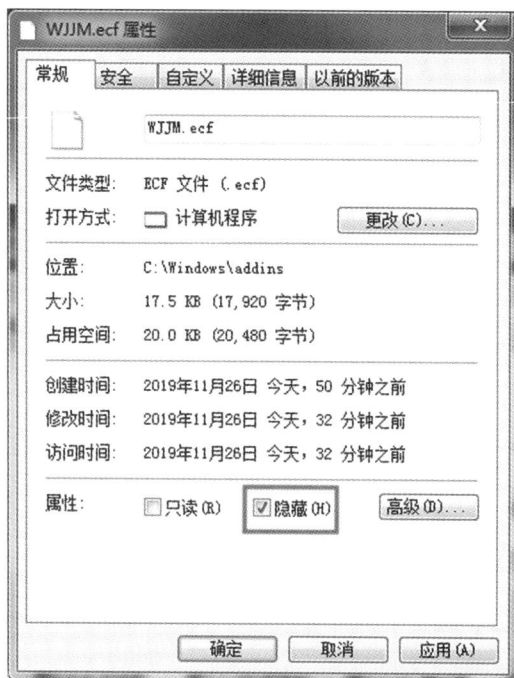

图2-14　更改文件属性

（7）第七步：更改系统文件显示方式。点击"工具"—"文件夹选项"，跳出文件夹选项对话框，点击"查看"，选择"不显示隐藏的文件、文件夹或驱动器"，确定后隐藏文件（图2-15）。

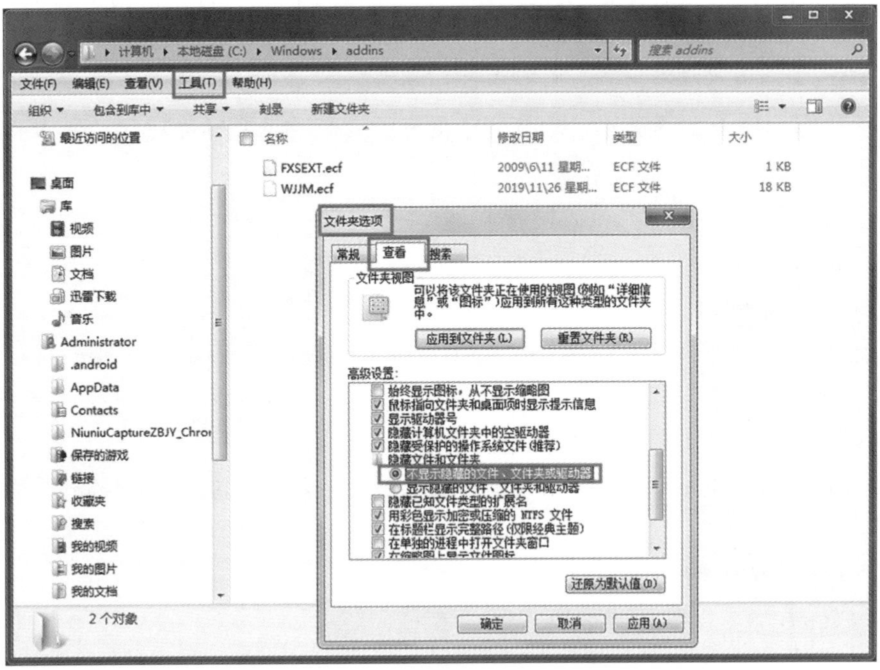

图2-15　文件隐藏对话框

项目二　浏览器及其使用

一、认识浏览器

浏览器（Browser），全称网页浏览器，是一个浏览网页信息的工具。本质上，它是一个客户端软件程序。它的核心作用在于与WWW建立联接和通讯，对因特网或局域网上的HTML文件进行解释，将文字、图像及其他信息还原出来。同时，它还可以完成部分用户与网页间的交互操作。

浏览器的核心是渲染引擎（Rendering Engine），也称之为"浏览器内核"，它的功能是解析网页HTML语言并渲染，并在其出口展示网页内容。因此，浏览器内核决定了浏览器如何显示网页的内容以及页面的格式信息。由于不同的浏览器内核对网页语言的解析不尽相同，同一网页在不同内核浏览器里打开，展示出来的效果也可能不同。

二、浏览器内核及代表浏览器

（一）Trident内核

Trident（又称为Mshtml、IE内核），是微软开发的渲染引擎，附带在Windows操作系统中。其代表浏览器为IE浏览器（Internet Explorer），它在1997年10月与IE4一起诞生。目前，使用Trident渲染引擎的浏览器还包括傲游、世界之窗浏览器、腾讯TT、Netscape 8、NetCaptor等。

优点：首先，IE历史悠久，占有的市场份额最大。很多网页都是根据IE的标准来编写，所以Trident内核浏览器对网页兼容性好，网页乱码可能性最低。其次，微软会频繁对IE浏览器打补丁升级，用户也可以通过微软自动更新程序及第三方安全程序如360安全卫士等来自动给IE增加补丁，因而IE内核浏览器自动具备了良好的安全防护和性能优化，所以其安全性也最高。

缺点：IE浏览器不向用户开放源代码。

（二）Gecko内核

Gecko由网景通讯公司开发，现在由Mozilla基金会维护，是一套开放源代码的、以C++编写的网页排版引擎，目前市场占有率仅次于Trident。目前，使用Gecko渲染引擎的浏览器有Firefox、Netscape6~9。

特点：功能强大、可以支持很多复杂网页效果和浏览器扩展接口。同时，它跨平台，能在Microsoft Windows、Linux和MacOS X等主要操作系统上运行。同时，它开源性，开放HTML编辑器、客户端/服务器等。

缺点：应用时占用计算机资源（如内存）多。

（三）Presto内核

Presto是由Opera Software开发的浏览器排版引擎，供Opera 7.0及以上使用。它取代了旧版Opera 4至6版本使用的Elektra排版引擎，包括加入动态功能，如网页或其部分可随着DOM及Script语法的事件而重新排版。Presto在推出后不断有更新版本推出，使不少错误得以修正，以及阅读Javascript效能得以最佳化，并成为速度最快的引擎，这也是Opera被公认为速度最快的浏览器的基础。

（四）Webkit内核

Webkit 是一个开源项目，包含了来自KDE项目和苹果公司的一些组件，主要用于Mac OS系统。主要浏览器有Safari和Chrome。它的特点在于源码结构清晰、渲染速度极快。更新版本快，加载速度快。缺点是对网页代码的兼容性不高，导致一些编写不标准的网页无法正常显示，且小众，市场占有率低。

三、浏览器的使用

熟练使用浏览器是从事电子商务工作的基础。下面以IE浏览器为载体来熟悉浏览器的常规使用技巧。同样，通常情况下，这些使用技巧在其他浏览器上也可通用。

（一）简化页面显示内容

IE提供了关闭系统图像、动画、视频、声音、优化图像抖动等项目的功能，关闭这些功能能够加快浏览速度。点击"工具"菜单的"Internet选项"命令，打开"Internet选项"对话框，然后单击"高级"选项卡，最后从"多媒体"框中取消不拟显示的项目即可。

（二）地址输入

在地址栏中键入某个单词，然后按"Ctrl+Enter"在单词的两端自动添加"http://www."和".com"并且自动开始浏览。例如，当你在地址栏中键入taobao并且按"Ctrl+Enter"键时，IE 将自动开始浏览 http://www.taobao.com。

（三）网页搜索

首先启动IE并联接到因特网上，单击快捷工具栏上的"搜索"按钮，在IE窗口左边打开一个专门的"搜索"窗口；然后在"请为您的搜索选择一个类别"列表框中选择是直接在因特网上进行查找，还是从以前曾经查找过的内容中进行查找，您若没有特殊需要仍应选择"查找网页"选项；最后在"包含下列内容"列表框中输入需要查找的内容，并单击"搜索"按钮即可。

（四）还原IE的设置

计算机中安装了 IE 及其他浏览器时，某些IE设置可能会改变。在"工具"菜单上，单击"Internet 选项"，单击"程序"选项卡，单击"重置 Web 设置"按钮。可以将IE设置还原为最初的默认设置，包括主页和搜索页以及默认浏览器的选择，而不更改其他浏览器的设置。

（五）查看历史搜索信息

首先单击"搜索"，在浏览器左边出现的搜索助手中选择"以前的搜索"，就可以列出您以前的搜索链接列表。IE可以保存以前搜索的类别。

（六）查看历史记录

IE浏览器利用其缓存功能有将用户最近浏览过的信息保存下来的功能，这样就可以利用它的脱机浏览功能在没有联接因特网的情况下查看这些历史信息，从而提高了上网效率：首先在脱机状态下启动IE，选择"文件"菜单的"脱机工作"命令，激活IE的脱机浏览功能；然后单击快捷工具条上的"历史"按钮，打开IE的"历史记录"窗口。此时"历史记录"窗口会将用户最近浏览过的网址按时间顺序显示出来，您就可以从中选择某个以前已经查看过的网址，这样IE就会在脱机状态下将相应网页内容显示出来。

（七）查看硬盘文件、系统文件夹

如果我们正在用IE浏览网页的时候，突然想要到硬盘上查资料，只要在地址栏中输入路径即可，如输入"C:Temp"可直接转到硬盘上的Temp子目录中。若要在网页间切换可用"上一页"或"下一页"。

要打开一些系统文件夹，比如"控制面板"等，在IE中，用户只要在地址栏中键入相应的文件夹名称，比如键入"控制面板"后，按下回车键即可。

（八）发送网页

使用的是IE可以直接将一个网页发给朋友：按IE地址栏上面的"邮件"标准按钮，在出来的菜单上选择"发送网页（P）"，IE会自动调出默认的邮件程序，并且自动弹出写新邮件的窗口，同时你所看到的网页就会作为新邮件的正文，这时你只需要填写收件人的邮箱地址，就可以把这页发给你的朋友了。如果对方的E-Mail软件支持HTML格式邮件，那他就可以直接浏览。

（九）收藏常用网址

对于经常使用的网址，可以利用IE浏览器自身的收藏夹功能。用鼠标单击浏览器菜单栏中的"收藏"菜单项，打开下拉菜单，选择"添加到收藏夹"，单击"添加到收藏夹"，弹出"添加到收藏夹"对话框，在名称栏输入收藏夹名称，单击"确定"按钮后，浏览器就会把当前网页的网址添加到新建的收藏夹中。

（十）整理和共享收藏夹

在"收藏"菜单上，单击"添加到收藏夹"。如果需要，请键入该页的新名称。请单击工具栏上的"收藏"按钮，然后单击要打开的网页。要保留你喜爱的网页，可以将它们组织到文件夹中。单击"添加到收藏夹"对话框中的"创建到"按钮即可。

收藏夹是保存和组织常用站点的捷径，如果您在几台计算机上使用IE，通过导入收藏的项目可以很容易实现共享。而且，如果您同时使用 IE和 Navigator，则通过在程序之间进行导入可使收藏和书签相互更新。

单击"文件"菜单，然后单击"导入和导出"可导入书签或收藏，也可将收藏导出到同一台计算机或其他计算机的书签或收藏夹中。

（十一）设置"主页"

主页是每次您打开浏览器时最先显示的 Web 页。将主页设置为需要频繁查看的 Web 页，或者将它设置为可供您快速访问所需信息的自定义站点。如果转到希望在第一次启动IE时显示的Web页。在"工具"菜单上，单击"Internet 选项"，单击"常规"选项卡。在"主页"区域，单击"使用当前页"。如果要恢复原来的主页，请单击"使用默认页"。

（十二）用新窗口打开超级链接

在浏览网页时，在超链接处单击鼠标右键，选择"在新窗口中打开"，IE就会在一个新窗口中打开超级链接。如果使用的是IE，也可以在点击链接的同时按住"Shift"键。

（十三）保存网页图片

IE的拖动技术已经融合到整个系统中。你可以任意将网页中的内容（图片、超级链接等）拖到其他应用程序中，如Word文档中，一幅图像就嵌入其中。当你在网上看到感兴趣的链接，直接把链接拖到编辑页面中即可。把图片拖动到合适的文件夹中，此图片就被保存下来了。

（十四）用链接快速访问

链接栏位于地址栏旁边，用于添加一些指向频繁访问的部分 Web 页的链接。只需单击链接即可显示站点。可以将 Web 页的图标从地址栏拖到链接栏、将链接从 Web 页拖到链接栏、在收藏夹列表中将链接拖到"链接"文件夹中。

如果链接栏未出现在工具栏上，单击"查看"菜单，指向"工具栏"，然后单击"链接"，也可以将链接拖到链接栏上的不同位置以便对链接进行归整。

单击"工具栏"上的"收藏夹"，选择"添加到收藏夹"，按"创建到"就会出现"创建栏"，点"链接"然后"确定"，你所喜欢的网站就被放到链接栏中了。

（十五）为链接建立快捷键和快捷方式

用鼠标右键点击浏览器"链接"栏中的按钮，在弹出的菜单中选择"属性"，用鼠标左键点击"快捷键"栏，敲入一个字母，选择"确定"，之后按"Ctrl+Alt+字母"即可进入该网站。例如，链接栏中有一项可链接到微软的主页"Microsoft"，如果在快捷键栏敲的字母是T，那么以后用键盘输入组合键"Ctrl+Alt+T"就可去微软的网站浏览了。

用鼠标左键或者右键将链接拖到桌面上即可对当前网页的某个链接建立快捷方式。

（十六）快速前后翻页

在IE中有"后退""前进"两个按钮，在填写表单或论坛发表文章等场合，用这两个按钮有助于你修改、重复发送，节约在线时间。这两个按钮不仅能访问前后页，还能迅速达到某个网页：在浏览器 "后退"按钮边有个按钮，按它即弹出一个下拉菜单，其中列出许多网址，选择一个即可快速到达需要的页面。前进时也有同样功能。

（十七）合理使用Internet临时文件

因特网 临时文件夹位于本机的硬盘上，在查看 Web 页和文件（如图形）时这些内容将存放在其中。由于IE可以从硬盘上而不是从 Web上打开频繁访问或已经查看过的 Web 页，这样就可以使这些内容尽快显示。

增加该文件夹的空间可以更快地显示以前访问过的 Web 页，但由此减少了计算机上可提供给其他文件的空间。可以设置该文件夹的大小或将其腾空，以控制它所使用的硬盘空间大小。

（十八）加速网页下载

如果您浏览的网页为相对固定的一些网站，适当加大Cache可加快浏览速度。如果您每次浏览的网页都不固定，则Cache应不要太大，防止浏览器在硬盘Cache中浪费搜索时间。具体改变Cache大小的方法为：找到"工具"中的"Internet选项"，单击"常规"中"Internet临时文件"中的"设置"按钮，设置"使用磁盘空间"，点"确定"。

☞ 任务：从淘宝网店下载服装产品主图

1.任务目标

综合运用浏览器使用方法和简单网页代码，下载淘宝网主图图片。

2.任务训练的核心技能

通过浏览器查看网页代码、查找网页资源、熟悉图片URL地址、另存图片。

3.任务操作详细步骤

（1）第一步：应用360极速浏览器，打开淘宝网首页,在"搜索"对话框中输入关键词"连衣裙"，点击"搜索"按钮，进入淘宝搜索结果页面，点击其中一个产品，进入该产品详情页（图2-16）。

（2）第二步：在该产品详情页主图上单击右键，选择"审查元素"（图2-17）。

（3）第三步：单击"审查元素"，产品详情页页面下方出现该页HTML代码文件，找到图片代码（图2-18）。

（4）第四步：记住图片URL地址，点开代码中的"Sources"，按文件路径找到主图大图的原始图片。淘宝主图大图要满足淘宝的放大功能，大小通常不小于800像素×800像素（图2-19）。

图2-16　淘宝搜索结果页

图2-17　审查元素对话框

图2-18　图片代码页面

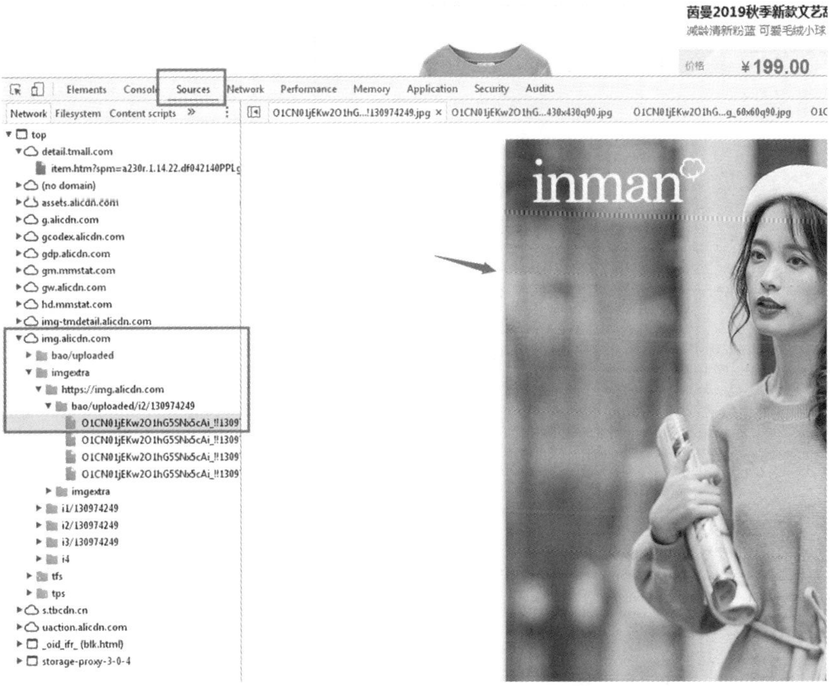

图2-19　图片地址页面

（5）第五步：在大图上单击右键，选择"Cope Image URL "，复制图片地址（图2-20）。

（6）第六步：在浏览器上新建一个窗口，在地址栏上粘贴图片地址，打开地址，即可

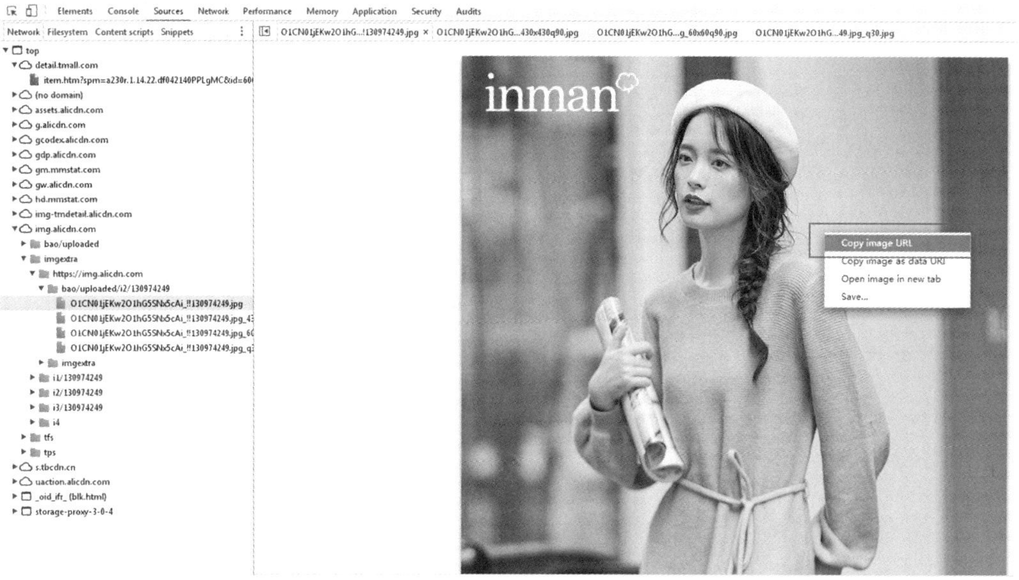

图2-20　复制图片地址页面

看到图片（图2-21）。

　　（7）第七步：在图片上单击右键，选择"图片另存为"，即可下载该主图原大图（图2-22）。

图2-21　打开图片地址页面

图2-22 图片另存为页面

模块三 服装电商视觉设计

项目一 服装电商与视觉设计

一、Photoshop软件与服装电商视觉设计

电子商务由于其本身特点，交易达成前，商品本身不能与客户直接接触，其所有属性和特点，都是以视频、图片等视觉形式展示出来。由此可见，视觉对于电商的重要性是不言而喻的。同时，作为时尚消费类产品的服装，视觉的重要性又更加突出。目前，服装电子商务各大平台中，除少数地方需要用到视频外，绝大部分时候，图片展示是绝对的主角。所以，图片设计是服装电商重中之重。

在电商视觉设计中，两大核心要素为视觉效果设计和视觉营销设计。其中，这两大核心要素对应的能力主要有审美能力、设计造型能力、色彩搭配能力、营销能力、客户心理把握能力等。但是，掌握视觉设计工具的使用，懂得视觉设计的基本方法，从而将设计和营销想法切实有效地转化为实际的设计效果图，是以上所有能力的前提和基础。在电商图片设计中，最常用的设计工具即为Photoshop软件。

Adobe Photoshop，简称"PS"，是美国Adobe公司开发的图像设计及处理软件，它集图像编辑修改、图像制作、广告创意、图像合成、网页制作等功能于一体，广泛用于图片、照片进行处理制作及后期效果设计，为视觉设计人员提供了无限的创意空间，以其强大的功能倍受用户的青睐，是从事电商图片处理和美化的首选工具。

使用PS众多的编修与绘图工具，可以有效地进行图片编辑工作，可以从一幅已经拍摄好的服装模特照片开始，通过各种绘图工具的配合使用及图像调整方式的组合，在图像中任意调整服装颜色、明度、彩度、对比、甚至轮廓，美化模特的妆容、脸型和身材，也可以通过图层叠加或滤镜的处理，为作品增添变幻无穷的魅力。同时，可以合成和设计各种促销图和海报图。Adobe Photoshop由最初的2.0版到今天的CC版。随着版本的不断提高，其功能也越来越强大，要掌握它以胜任电商图片处理和美化设计业务，需要较长时间的学习和大量的实践。

二、服装电商视觉设计基础

应用Photoshop开展服装电商设计，首先需要熟悉Photoshop软件的基础操作，熟练使用图片处理的基础工具，准确理解Photoshop软件中图层、选区、色彩等核心概念，并将其融会贯通到服装电商设计中。下面，我们通过具体的设计任务，训练大家应用Photoshop软件，开展服装电商图片设计的基础技能。

任务1：设计制作详情页服装产品说明

1.任务目标

运用Photoshop软件，设计制作详情页服装产品说明（图3-1）。

尺码	摆围	肩宽	领围	前衣长	胸围	袖长	袖肥	袖口
S	92.0	35.0	60.0	54.0	84.0	14.0	28.0	26.5
M	96.0	36.0	60.0	55.5	88.0	14.3	29.2	27.7
L	100	37.0	60.0	57.0	92.0	14.6	30.4	28.9
XL	104	38.0	60.0	58.5	96.0	14.9	31.6	30.1
XXL	108	39.0	60.0	58.5	100	15.2	32.8	31.3

由于尺寸为手工测量，所以难免存在1~3cm的误差，敬请各位亲谅解。

图3-1 服装产品说明图

2.任务训练的核心技能

Photoshop软件操作中的图层、图层组、文字、剪切图层等操作技能。

3.任务操作详细步骤

（1）第一步：打开Photoshop软件，点击菜单"文件"—"新建"，按"Ctrl+N"新建一个文件（图3-2）。

图3-2 新建PS文件

（2）第二步：设置文件参数。在跳出的"新建"对话框中，设置文件名称为"服装产品说明图"，设置文件宽度（W）为750像素、高度（H）为240像素，分辨率（R）为72像素

/英寸（1英寸=2.54cm），其他参数为默认（图3-3）。

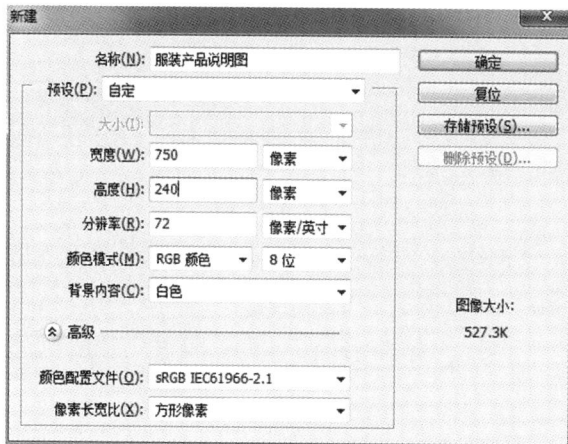

图 3-3　设置文件参数

（3）第三步：新建灰色背景图层。单击右下角图层面板中"创建新图层"按钮，新建一个图层，即图层1（图3-4）。

图 3-4　新建图层

（4）第四步：填充图层中的选区。选择"矩形选框工具"，调整工具参数：选区形式为新选区；样式为固定大小；宽度710px；高度为200px，建立一个选区（图3-5）。

填充选区。设置前景色为灰色#808080，按"Alt+Delete"快捷键，用前景色填充选区

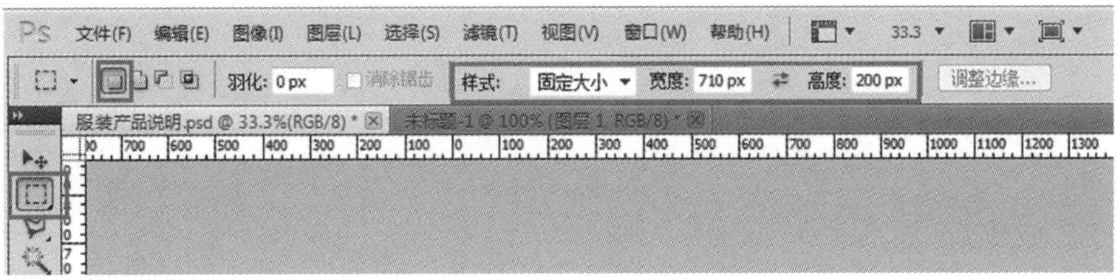

图 3-5　新建选区

（图3-6）。

（5）第五步：制作左边正方形图层。新建图层，建立180px大小的正方形选区，填充任意颜色（图3-7）。

图 3-6　填充选区

（6）第六步：设计制作右边服装图片。首先，将服装图片载入到文件（图3-8）。然后，设置剪切图层。在图层面板上，按住"Alt"键的同时，将鼠标放在服装图片图层和红色正方形图层中间，当鼠标现状变成剪切图层形状时，单击鼠标，形成剪切图层（图3-9）。此时，图像大小为正方形，图像内容为服装图片。

最后，调整好服装图片大小和位置（图3-10）。

（7）第七步：制作第一排服装尺寸部位文字。点击"文字 T"工具栏，输入文字"尺码"，设置文字颜色为黑色、宋体、12点（图3-11）。

复制文字。选择"尺码"文字图层，按"Ctrl+J"快捷键8次，复制8个该图层，然后将复制好的文字图层的文字分别更改为对应的部位文字（图3-12）。

图 3-7　制作正方形图层

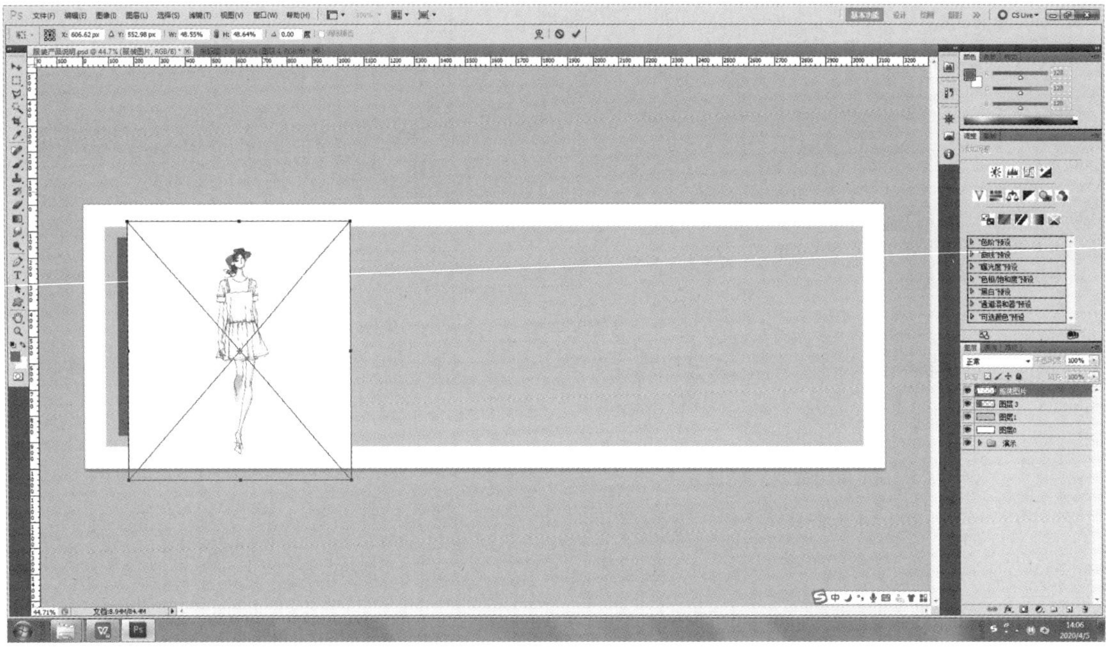

图 3-8　载入服装图片

　　排列文字。先将该排的最后文字"袖口"移动到最后位置，然后，将所有文字图层都选上，激活移动工具，单击"水平居中分布"，排列好文字图层（图3-13）。

　　为方便后续文字编辑，建立"尺寸部位"图层组，选择刚才已经建立的9个文字图层，

图 3-9　剪切图层

图 3-10　调整图片大小和位置

图 3-11　输入文字"尺码"

图 3-12　更改文字

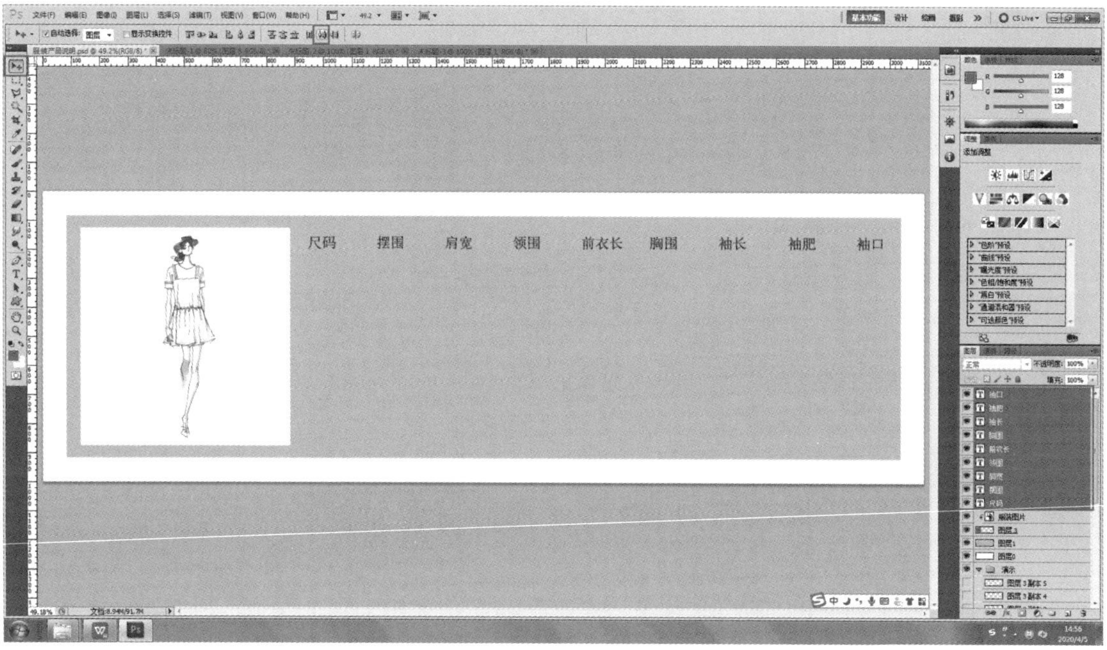

图 3-13　排列文字

将文字图层全部拉入该文字组（图3-14）。

（8）第八步：制作服装S码文字。首先，复制"尺寸部位"文字组。在"尺寸部位"文字组图标上单击右键，选择"复制组"，跳出复制组对话框，更改组名为"S码"（图3-15）。

更改组内文字。将S码文字组内的文字更改为相应的尺寸数字（图3-16）。

（9）第九步：同样方式，制作服装M码、L码、XL码、XXL码和测量说明文字。先复制文字组，再更改组内文字（图3-17）。

（10）第十步：排列文字组。先将"测量说明"文字组移动到最下面合适位置，然后，将所有文字组都选上，激活移动工具，单击"垂直居中分布"，排列好文字图层组（图

图 3-14　建立文字图层组

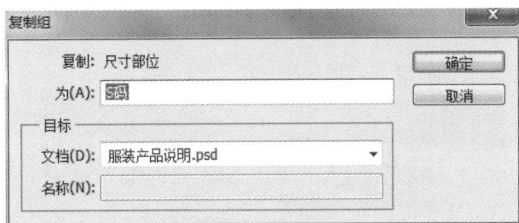

图 3-15　复制文字图层组

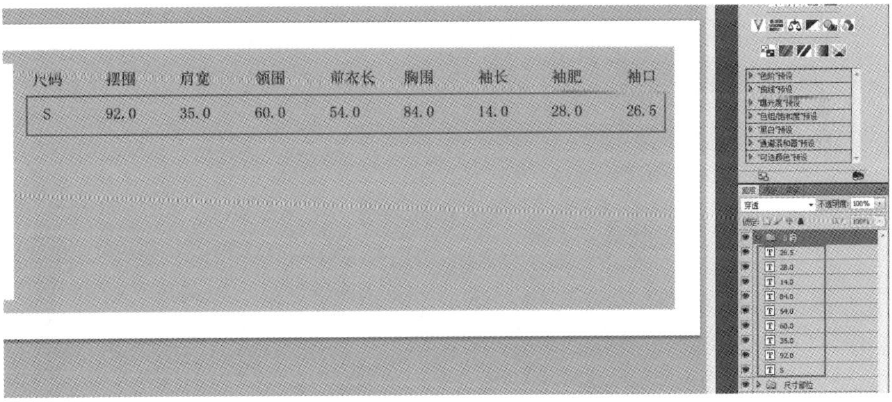

图 3-16　更改S码尺寸文字

3-18）。

（11）第十一步：制作分割线。新建图层，选择单行选框工具，建立单行选区（图3-19）。

选择较深色的灰，填充选区，用橡皮擦工具擦除多余横线部分，完成第一条分割线的制作（图3-20）。

（12）第十二步：复制排列分割线。按"Ctrl+J"5次，将第一条分割线图层复制5份，先

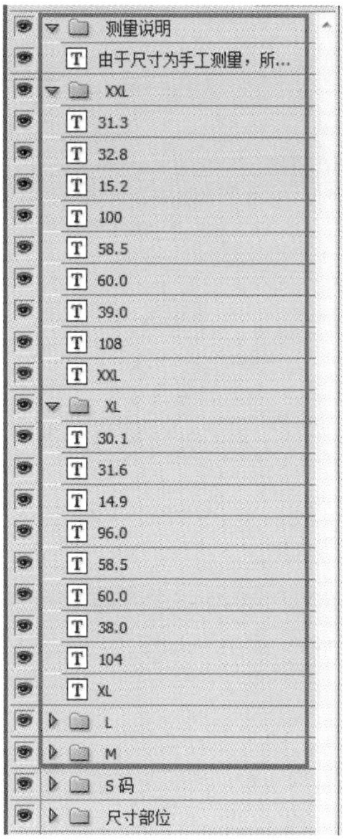

图 3-17 制作其他文字

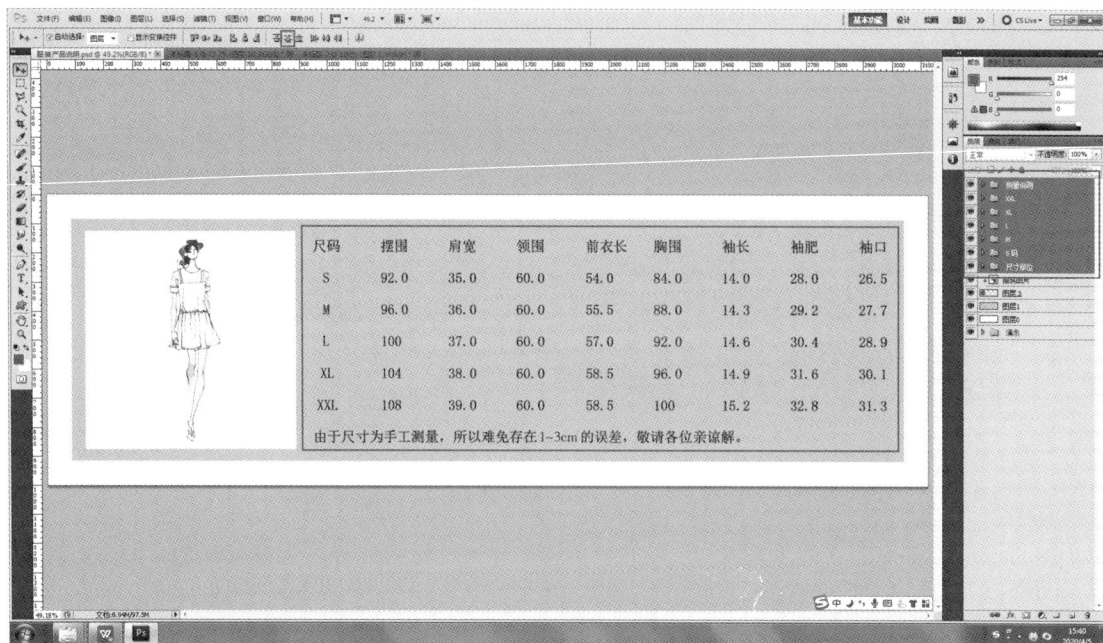

图 3-18 排列文字图层组

图 3-19　建立单行选区

尺码	摆围	肩宽	领围	前衣长	胸围	袖长	袖肥	袖口
S	92.0	35.0	60.0	54.0	84.0	14.0	28.0	26.5

图 3-20　制作分割线

将最后一条分割线移动到最下面合适位置，然后将所有分割线图层都选上，激活移动工具，单击"垂直居中分布"，排列好分割线图层（图3-21）。

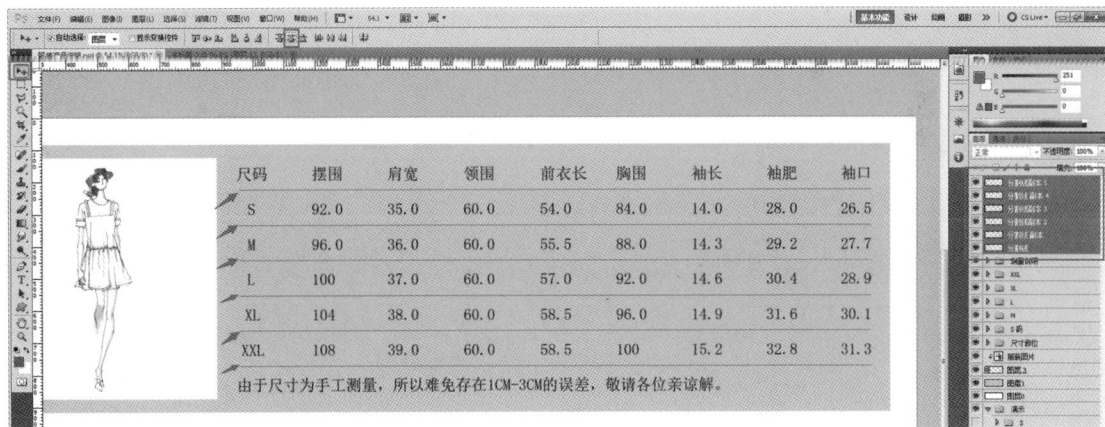

尺码	摆围	肩宽	领围	前衣长	胸围	袖长	袖肥	袖口
S	92.0	35.0	60.0	54.0	84.0	14.0	28.0	26.5
M	96.0	36.0	60.0	55.5	88.0	14.3	29.2	27.7
L	100	37.0	60.0	57.0	92.0	14.6	30.4	28.9
XL	104	38.0	60.0	58.5	96.0	14.9	31.6	30.1
XXL	108	39.0	60.0	58.5	100	15.2	32.8	31.3

由于尺寸为手工测量，所以难免存在1CM-3CM的误差，敬请各位亲谅解。

图 3-21　复制排列分割线

☞任务2：快速制作白底模特照片

（一）任务目标

运用Photoshop软件，快速将下图背景变为纯白色（图3-22）。

（二）任务训练的核心技能

Photoshop软件操作中的曲线命令、减淡工具、白场定义颜色等操作技能。

图3-22　白底素材图

（三）任务操作详细步骤

（1）第一步：复制图层，应用"减淡🔍"工具，适当减淡背景的灰色（图3-23）。

图3-23　减淡背景

（2）第二步：按"Ctrl+M"调出"曲线"命令，点击"白场 🖊"吸管，再点击画面背景灰色处，将画面灰色定义为白色，背景变成白色（图3-24）。

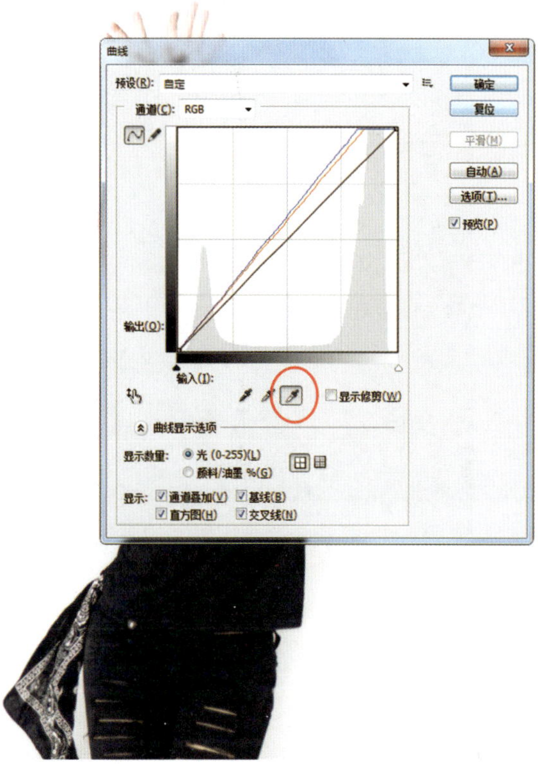

图3-24　曲线对话框

任务3：更换牛仔裤照片背景

1.任务目标

运用Photoshop软件，将下图人物抠出，并增加渐变背景（图3-25）。

2.任务训练的核心技能

Photoshop软件操作中的曲线命令、减淡工具、白场定义颜色等操作技能。

3.任务操作详细步骤

在进行电商图片处理中，"抠图"是最常进行的操作之一，是后续图像处理的重要基础。"抠图"是将图像中需要的部分从画面中精确地提取出来，成为单独的图层，为了后期的合成做准备。Photoshop中，抠图的方法有很多种，常见的有快速选择工具抠图、通道抠图、蒙板抠图、钢笔工具抠图等。在Photoshop CS3之后的版本中，更是新增了"调整边缘"工具，让我们在服装类产品抠图中，更加快速高效。

（1）第一步：复制图层，选择"魔棒 🔳"工具，点击背景，选择大部分背景（图3-26）。

（2）第二步：完善选择。选择"多边形套索 🔾"工具，利用选区加减运算，完善选区，完整选择背景（图3-27）。

图3-25 抠人物素材图

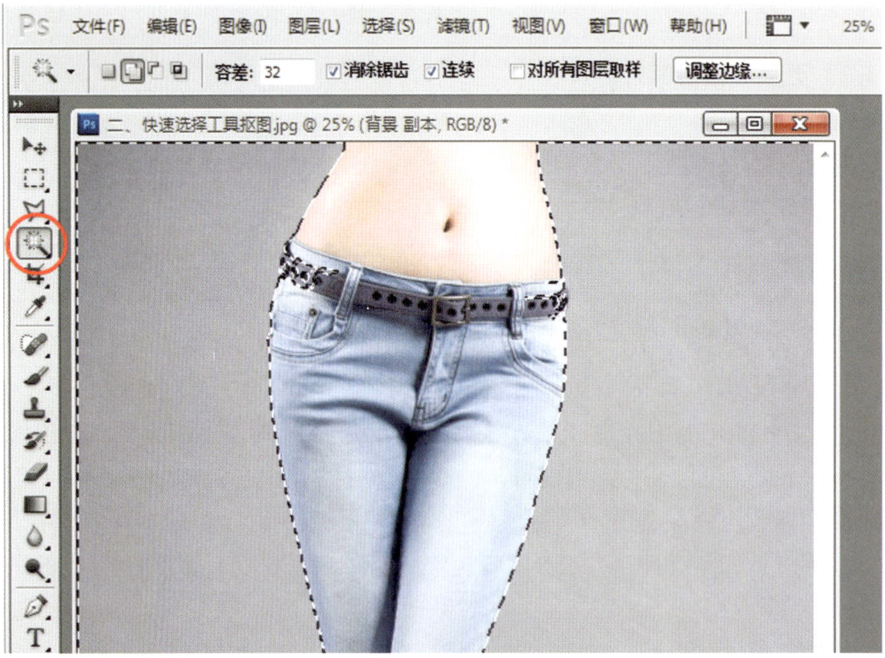

图3-26 魔棒选择背景

图 3-14 建立文字图层组

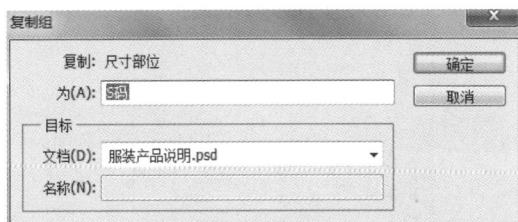

图 3-15 复制文字图层组

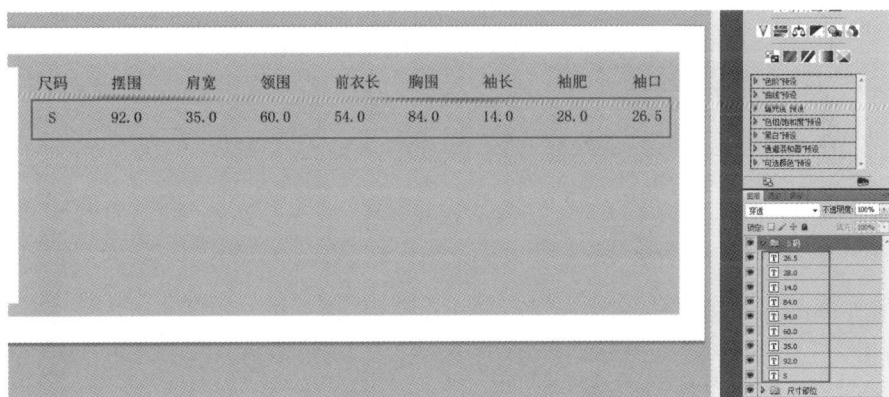

图 3-16 更改S码尺寸文字

3-18）。

（11）第十一步：制作分割线。新建图层，选择单行选框工具，建立单行选区（图3-19）。

选择较深色的灰，填充选区，用橡皮擦工具擦除多余横线部分，完成第一条分割线的制作（图3-20）。

（12）第十二步：复制排列分割线。按"Ctrl+J"5次，将第一条分割线图层复制5份，先

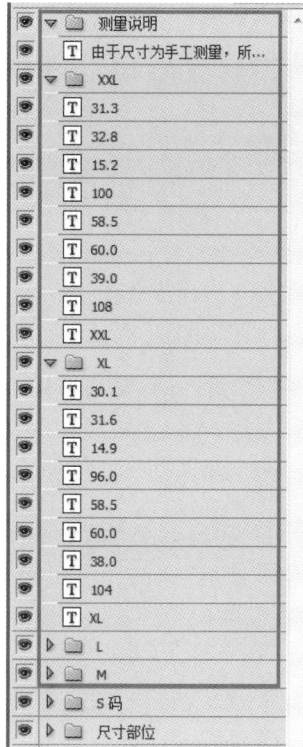

图 3-17 制作其他文字

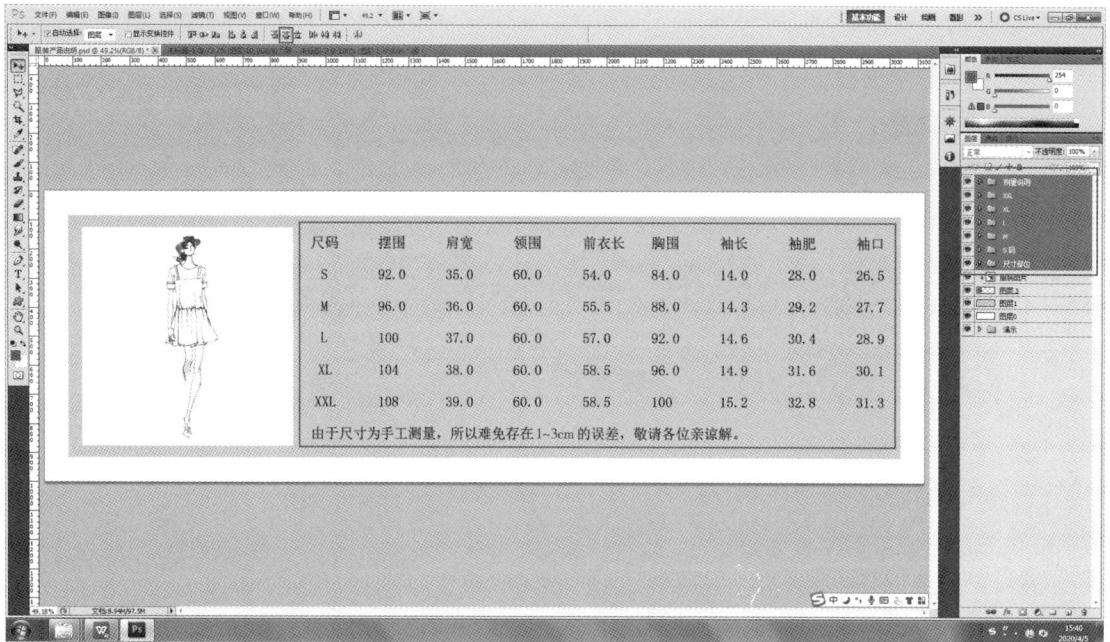

图 3-18 排列文字图层组

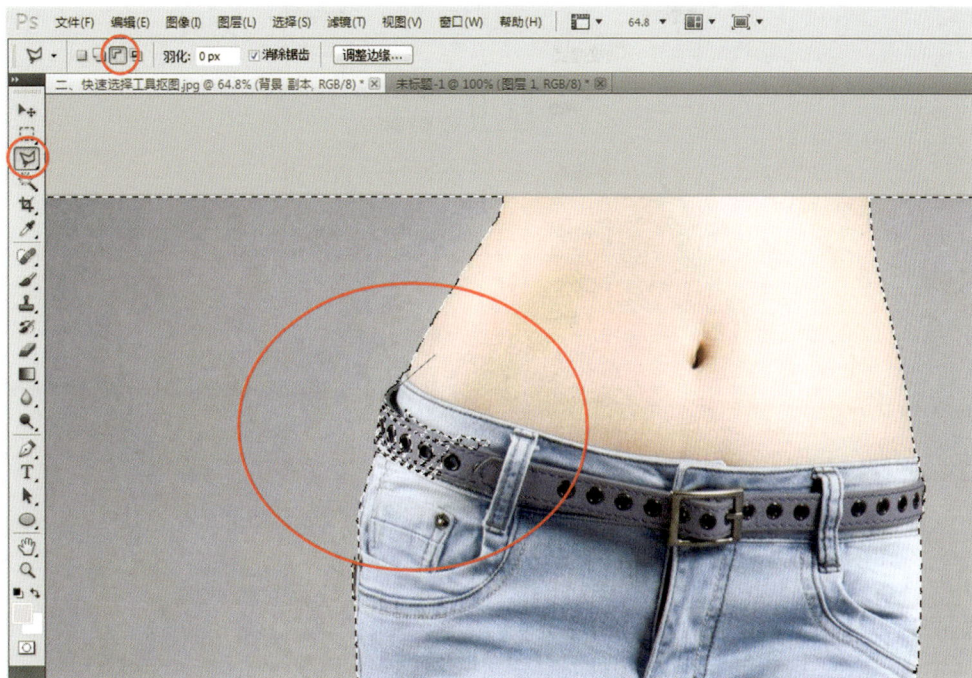

图 3-27　选区运算

（3）第三步：选择"反向"工具，选择人物（图3-28）。

图3-28　选择反向

（4）第四步：调出"调整边缘"命令，适当优化选区，输出到新建图层（图3-29）。

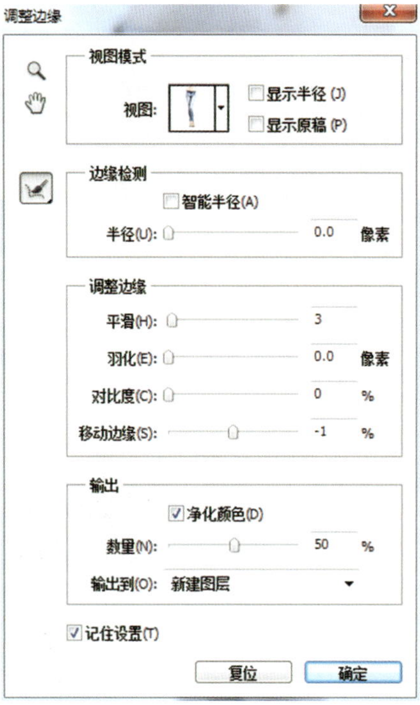

图3-29　调整边缘对话框

（5）第五步：添加渐变背景，完成抠图（图3-30）。

图3-30　添加渐变背景

任务4：更换外拍复杂色彩背景

1.任务目标

运用Photoshop软件，将下面人物风景图的天空变更为晴朗艳阳天背景图（图3-31、图3-32）。

图3-31 色彩范围抠图素材图一

图3-32 色彩范围抠图素材图二

2.任务训练的核心技能

Photoshop软件操作中的色彩范围命令的应用等操作技能。

3.任务操作详细步骤

在Photoshop中，除了上文中介绍的方法外，还有多种方法可抠图，如通道法、色彩范围法等。所有抠图，本质上都是选择。下面，来看看应用色彩范围来抠图。

（1）第一步：复制图层，点击"选择"—"色彩范围"命令，勾选添加色彩（图3-33）。

（2）第二步：不断点击图片背景，添加选区，并不断观察黑白示意图，直到示意图中背景部分全部显示为白色（图3-34）。

（3）第三步：确定选择，生成选区（图3-35）。

（4）第四步：将晴朗艳阳天背景图置入，再删除原图背景，完成图片背景替换（图3-36）。

图3-33　色彩范围对话框

图3-34　色彩范围选择像素

图3-35 生成选区

图3-36 替换背景

项目二 服装电商图片修复与美化

一、服装电商修图去疵点

在实际工作中，服装电商原始图片来源广泛，如来自摄影、网上下载、扫描等，来源不同，图片质量各异，图片本身存在疵点的情况十分常见。所以，在进行图片处理时，修复图片疵点是开展图片处理首先要解决的问题。

☞ 任务1：去除模特面部斑点

1.任务目标

运用Photoshop软件，将下图模特面部斑点去除（图3-37）。

图3-37 去面部斑点素材图

2.任务训练的核心技能

Photoshop软件操作中快速修复工具组修复图像的操作技能。

3.任务操作详细步骤

（1）第一步：复制背景图层，放大图层到斑点清晰可见（图3-38）。

（2）第二步：修复疵点。

方法1：选择"污点修复画笔🖊"工具，调整画笔大小到完全圈定疵点，然后在疵点上单击，污点完成修复（图3-39）。

方法2：选择"修复画笔🖊"工具，调整画笔到合适大小（建议略小于疵点大小），然后在与疵点周边好的皮肤上单击取点，再在污点上绘制，完成污点修复（图3-40）。

方法3：选择"修补▦"工具，围绕疵点建立选区，然后将疵点选区移动到周边好的皮肤上，即可完成污点修复（图3-41）。

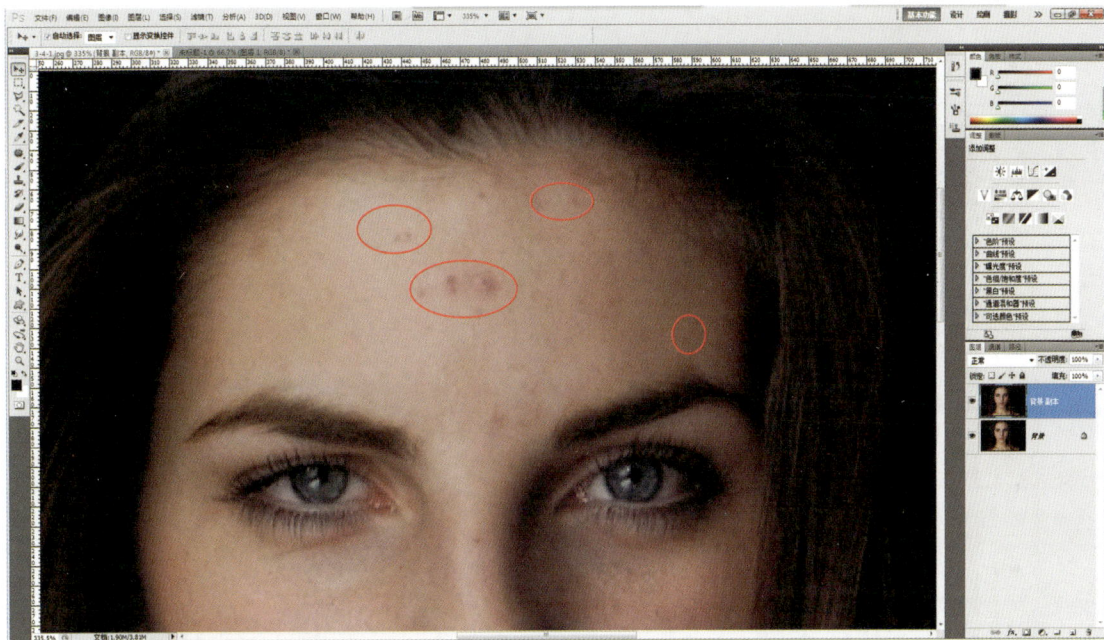

图3-38 放大视图

图3-39 "污点修复画笔"工具修复疵点

方法4：应用任何选区工具，围绕疵点建立选区（图3-42）。

选择"编辑"菜单中的"填充"命令，调出"填充"对话框，选择"内容识别"，确定后即可完成污点修复（图3-43）。

（3）第三步：重复操作，直到修复画面所有疵点（图3-44）。

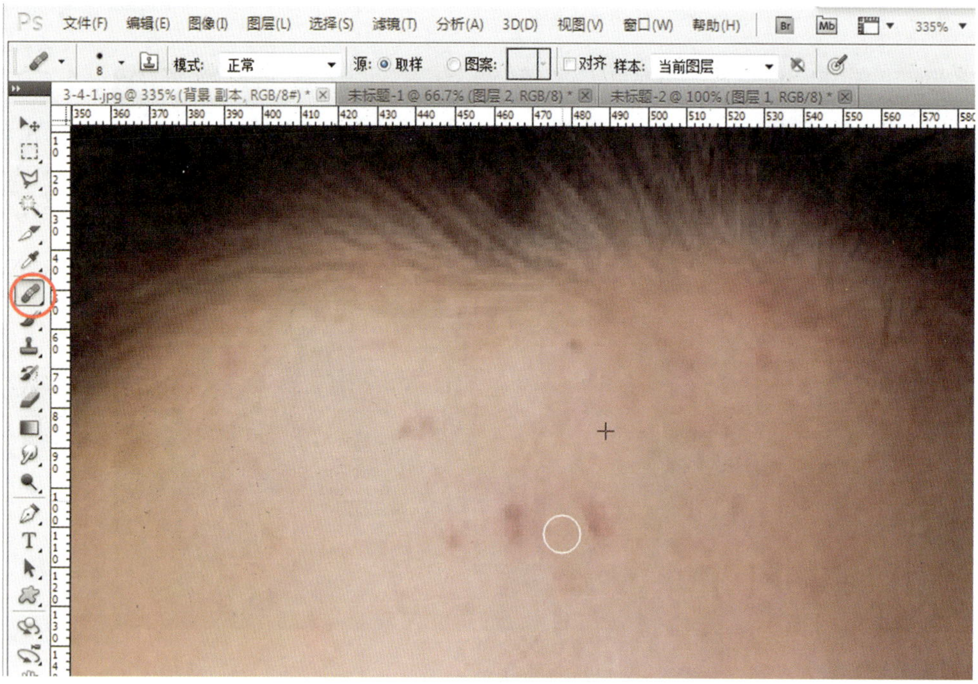

图3-40 "修复画笔"工具修复疵点

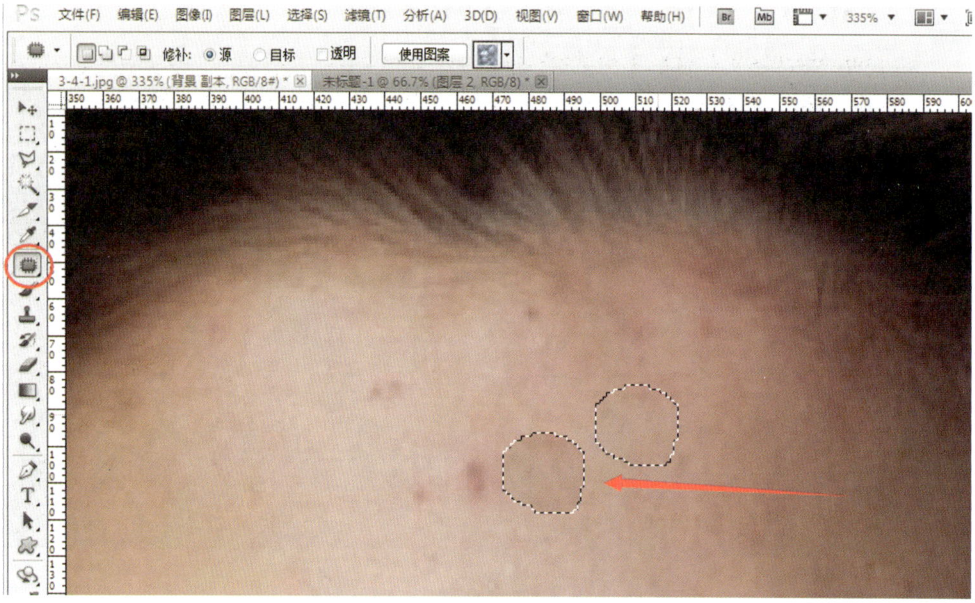

图3-41 "修补"工具修复疵点一

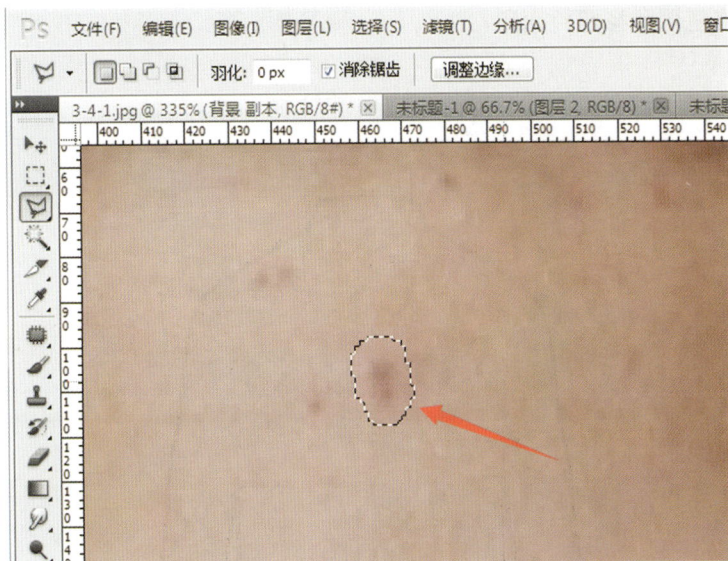

图3-42 "修补"工具修复疵点二

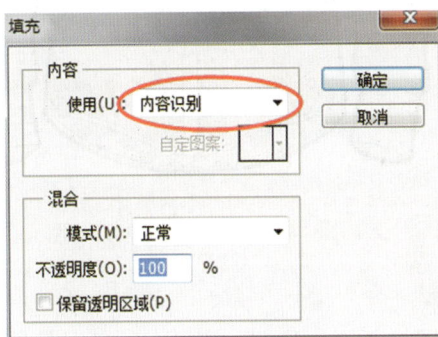

图3-43 内容识别填充

图3-44 完成疵点修复

☞ **任务2：修复男衬衫照片水印**

1.任务目标

运用Photoshop软件，去除下图男衬衫图片中的水印（图3-45）。

图3-45　有水印男衬衫素材图

2.任务训练的核心技能

Photoshop软件操作中图层复制、移动、变换、颜色调整、曲线命令、蒙版工具应用等操作技能。

3.任务操作详细步骤

有些图片像素复杂，采用计算生成像素的办法并不能很好地完成疵点修复。我们可以移植画面中相同或相近的像素代替疵点像素，完成图片的修复。

（1）第一步：先去除简单像素处的疵点。复制图层，设置前景色为白色，调出画笔工具🖌️，直接在"片"字上绘制白色（图3-46）。

（2）第二步：应用任意选区工具，选择与复杂像素水印处相同的像素，按"Ctrl+J"复制该像素到新图层。为了便于后续应用"蒙版"工具对图层进行编辑，建议选择区域要稍大一些（图3-47）。

（3）第三步：选择新图层，按"Ctrl+T"变换图层，选择水平翻转（图3-48）。

（4）第四步：将翻转后的图层拉到右边相同位置，覆盖水印。按"Ctrl+T"变换图层，选择"变形"，调整新图层与原图层边缘和图案对接圆润（图3-49）。

（5）第五步:按"Ctrl+M"调出曲线命令，调整曲线，使新图层的亮度尽量与背景图层相近（图3-50）。

图3-46　去除简单疵点

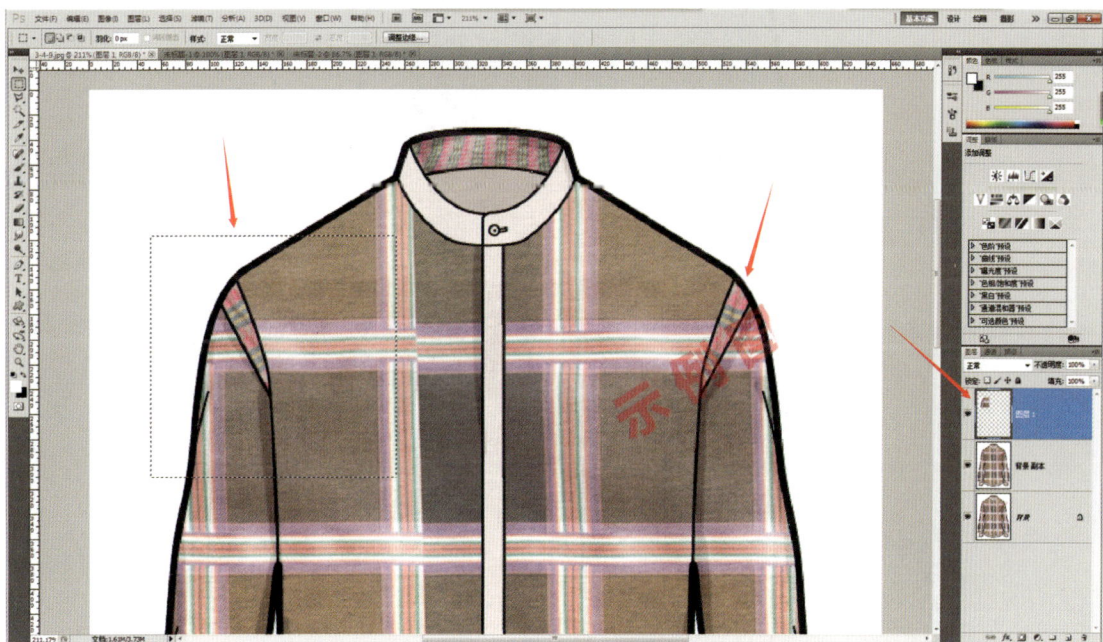

图3-47　复制相近像素

（6）第六步:为新图层添加蒙版，用虚化效果大的画笔绘制图层边缘，使新图层与背景尽量融合（图3-51）。

图3-48　翻转图层形状

图3-49　变换图层形状

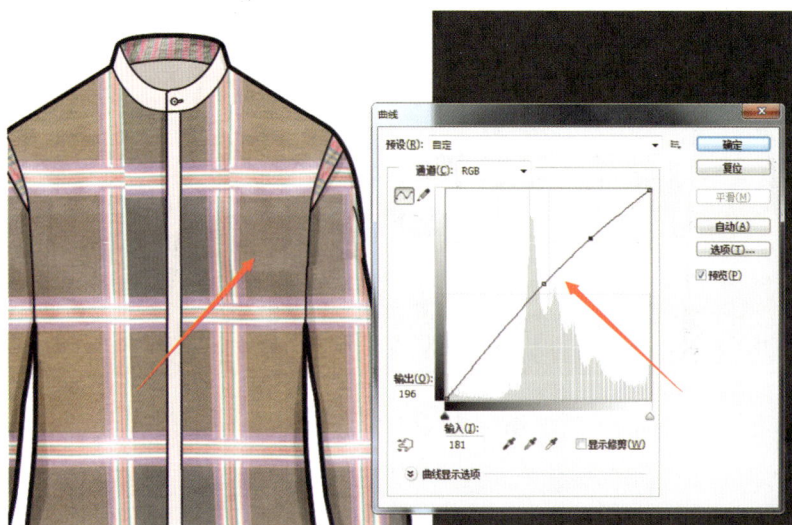

图3-50　调整图层亮度

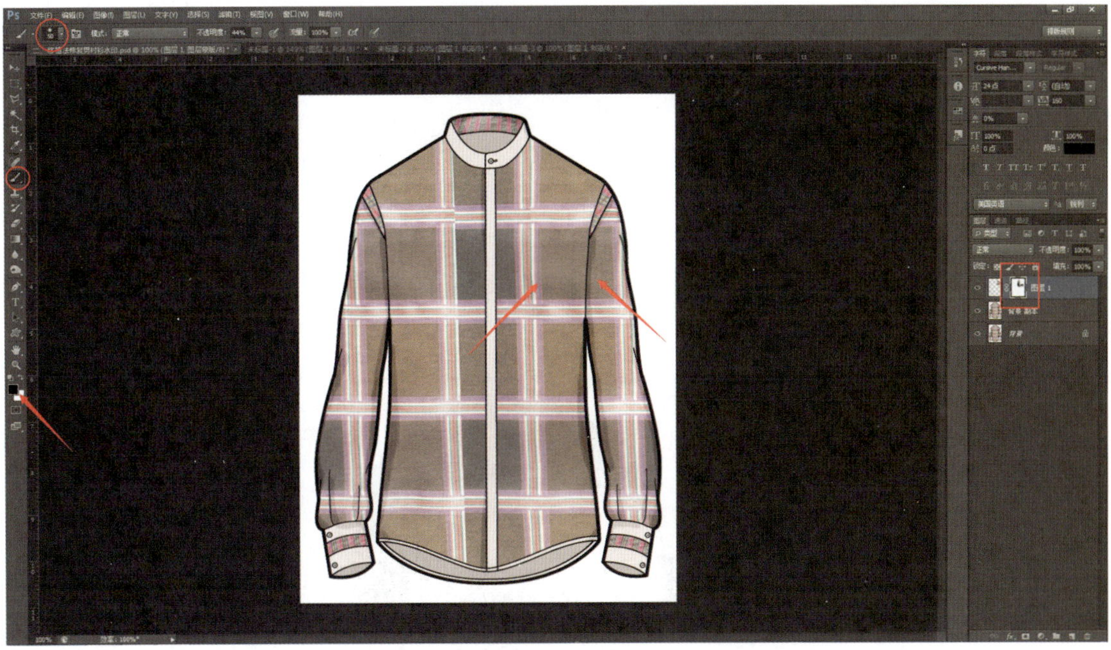

图3-51　羽化图层边缘

（7）第七步:完成修图（图3-52）。

图3-52　完成修图

二、服装电商人物调型与美化

我们在进行服装电商图片处理中，经常需要对模特人物的脸部进行美化修饰，这些修饰通常包含脸部彩妆、脸部微调、模特体型调整等操作。

☞ 任务1：模特脸部彩妆

1.任务目标

运用Photoshop软件，将下图人物添加眼影、腮红和唇彩（图3-53）。

图3-53　脸部彩妆素材图

2.任务训练的核心技能

Photoshop软件操作中选区羽化、图层叠加模式等操作技能。

3.任务操作详细步骤

（1）第一步：复制背景图层，放大眼部图像（图3-54）。

（2）第二步：使用"多边形套索 ♥"工具，在上眼皮处建立眼影形状选区，适当羽化（图3-55）。

（3）第三步：新建图层，挑选玫红色为前景色，填充选区（图3-56）。

（4）第四步：降低填充图层透明度，改变图层叠加模式为"正片叠底"，使眼影变淡并与皮肤融合（图3-57）。

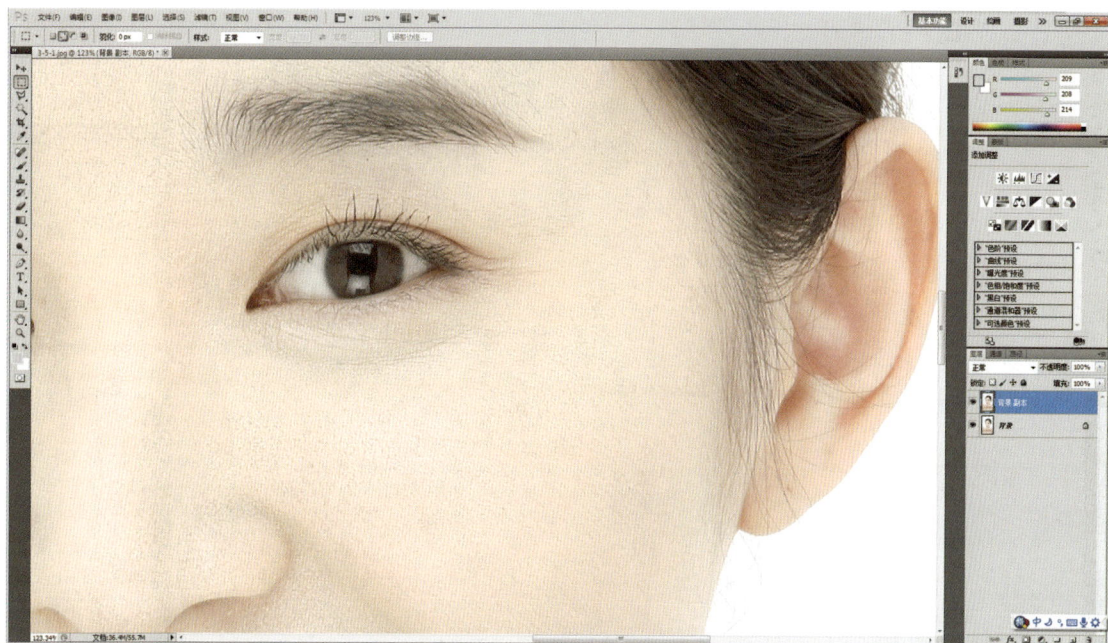

图3-54 放大眼部图像

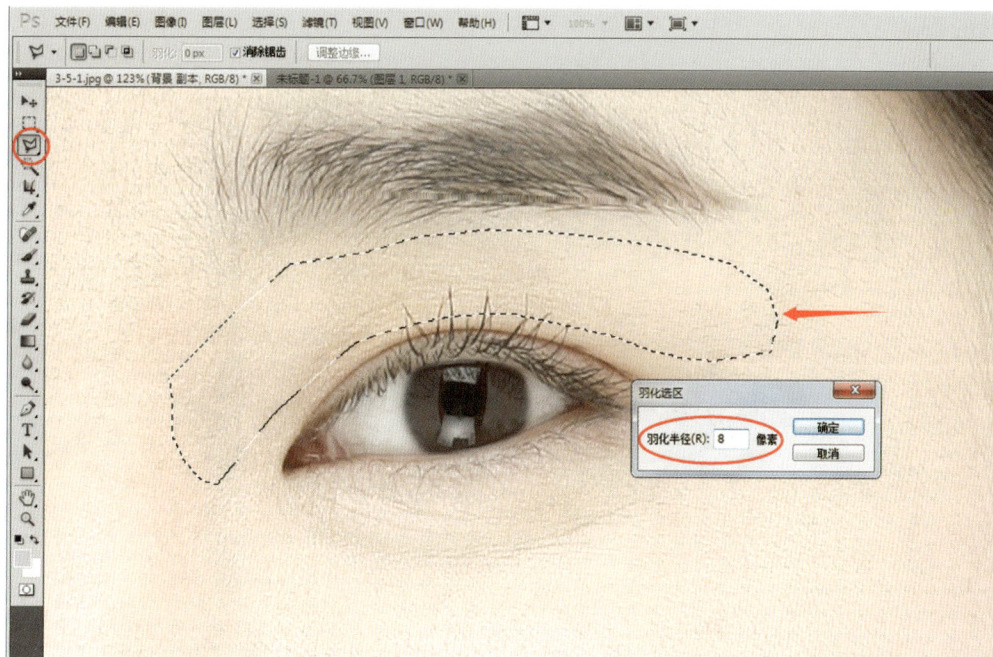

图3-55 建立眼影选区

（5）第五步：同样方法添加腮红。使用"椭圆选框◎"工具，在脸腮处建立圆形选区，适当羽化（图3-58）。

（6）第六步：新建图层，挑选玫红色为前景色，填充选区（图3-59）。

图3-56 填充眼影

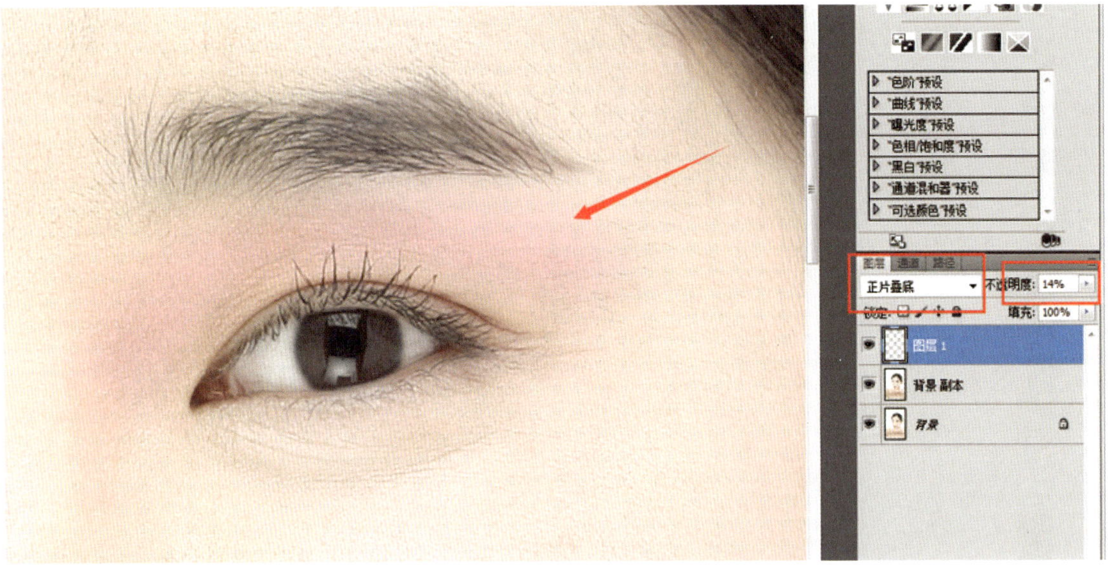

图3-57 更改眼影图层叠加模式

（7）第七步：降低填充图层透明度，改变图层叠加模式为"正片叠底"，使腮红变淡并与皮肤融合（图3-60）。

图3-58 建立腮红选区

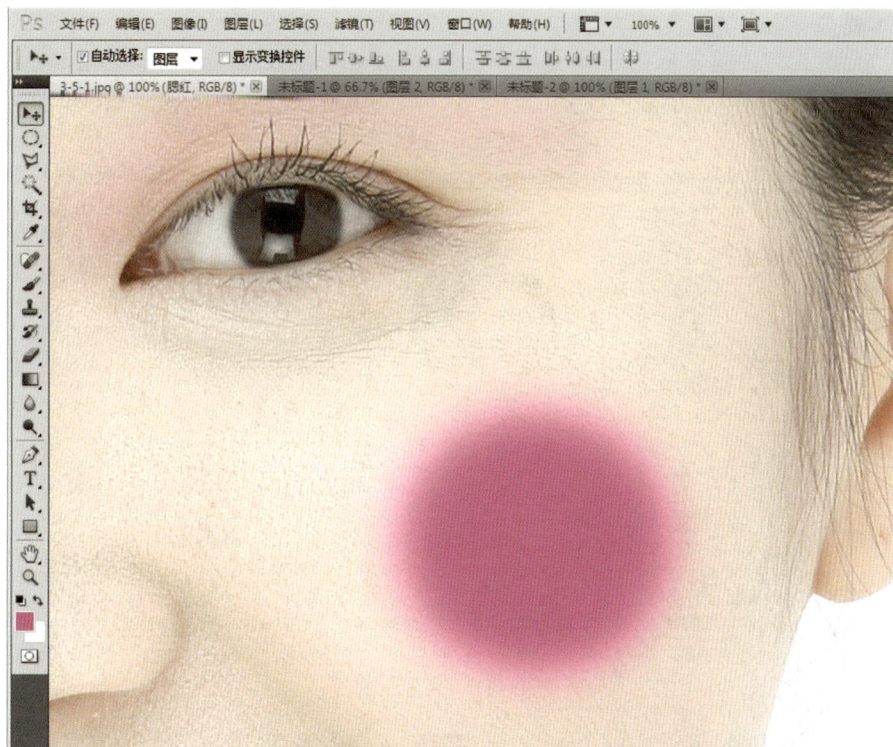

图3-59 填充腮红

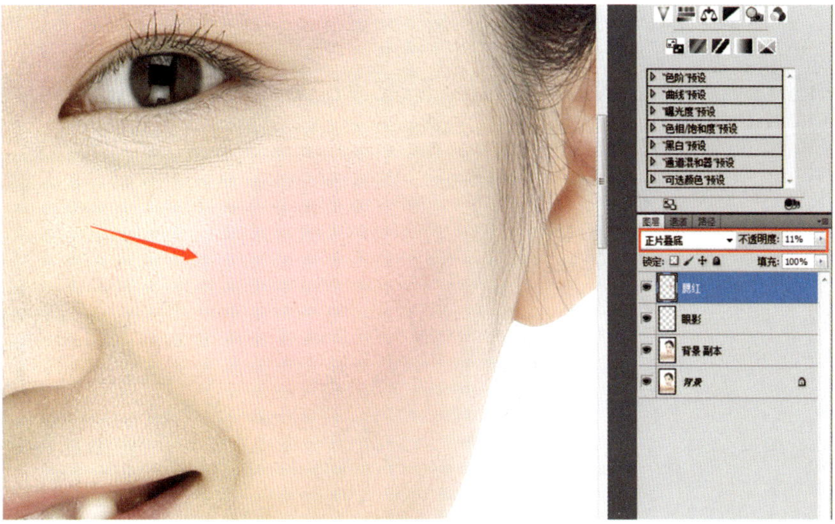

图3-60　更改腮红图层叠加模式

👉 **任务2：模特脸部微整形**

1.任务目标

运用Photoshop软件，将人物脸型进行微调整（图3-61）。

2.任务训练的核心技能

Photoshop软件操作中液化操作技能。

3.任务操作详细步骤

（1）第一步：复制背景图层，点击"滤镜"菜单，选择"液化"，调出"液化"界面（图3-61）。

图3-61　液化界面

（2）第二步：选择界面中的"缩放工具🔍"，点击画面后按住"Alt"键配合鼠标滚轮前后滚动可以放大和缩小画面（图3-62）。

图3-62　液化界面缩放

（3）第三步：选择界面中的"向前变形工具 🔧"，应用"["、"]"键将工具调到合适大小后，即可调整图像（图3-63）。

图3-63　向前变形工具调整图像

（4）第四步：使用"向前变形工具 🔲"调整图像时，可以配合选择界面中的"冻结蒙版工具"，冻结不需要移动的部位，如图3-64对下巴调整时，可冻结手背部分像素。

图 3-64　冻结蒙版工具固定像素

（5）第五步：调整完成后单击确定，即完成液化调整（图3-65）。

图3-65　完成液化调整

任务3：模特体型调整

1.任务目标

运用Photoshop软件，调整下图人物体型（图3-66）。

图3-66　体型调整素材图

2.任务训练的核心技能

Photoshop软件操作中快速修复工具组、图层变换、颜色调整等操作技能。

3.任务操作详细步骤

（1）第一步：微调图片透视。复制图层，按"Ctrl+T"调出图片调整框，单击右键调出调整选项框，选择"透视"（图3-67）。

（2）第二步：微调图片透视角度，使人体显修长。按"Ctrl+T"调出图片调整框，单击右键调出调整选项框，选择"透视"，向内微调透视（图3-68）。

（3）第三步：微调宽度，使人体显瘦。按"Ctrl+T"调出图片调整框，按住"Alt"键定中心，拖动两侧控点，图片以中点为中心，两侧同时内缩（图3-69）。

（4）第四步：拉长小腿长度，改善人体比例。框选小腿部分，按"Ctrl+T"调出调整框，将中点移动到顶端后向下拖动，适当拉长小腿（图3-70）。

（5）第五步：修改变形的鞋子。框选鞋子部分，按"Ctrl+T"调出调整框，将中点移动到顶端后向上拖动，复原鞋子形状（图3-71）。

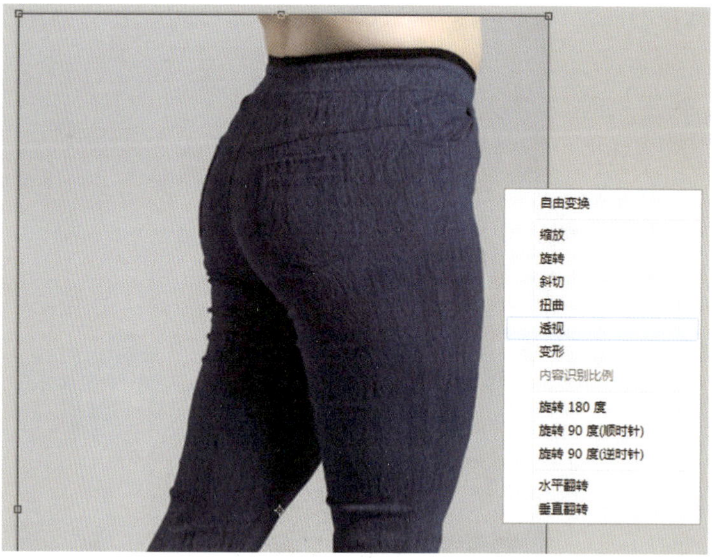

图3-67　微调图片透视

图3-68　调整透视角度

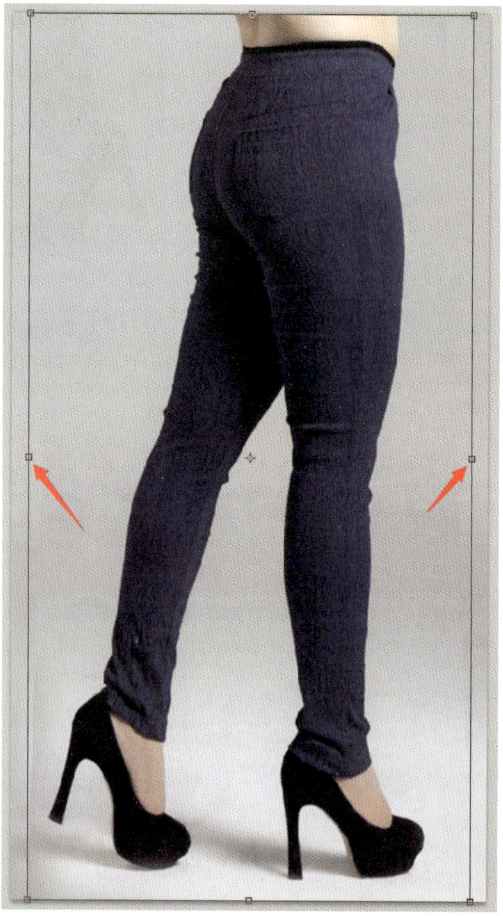

图3-69　微调宽度

图3-70 调整小腿

图3-71 调整鞋子

（6）第六步：微调人体曲线。单击"滤镜"菜单，选择"液化"命令，调出"液化"界面，应用液化适当调整（图3-72）。

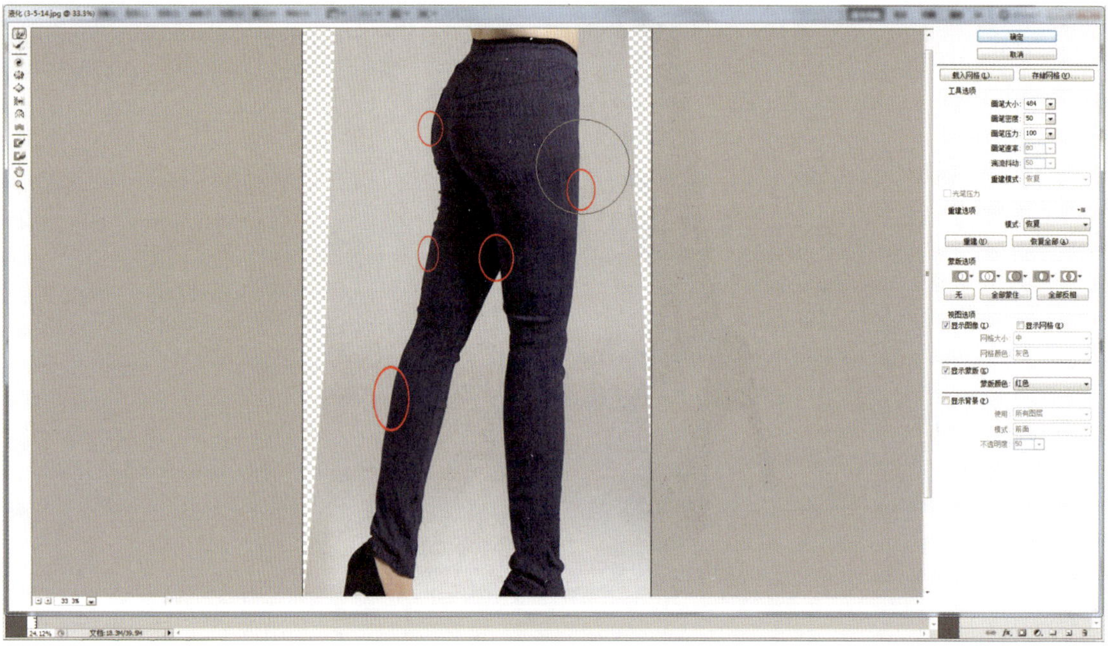

图3-72　液化调整细节

（7）第七步：调整完成后单击确定，完成整个图片的调整（图3-73）。

图3-73　完成图片调整

项目三 服装电商图片综合设计处理

在服装电商图片设计处理时，基于素材原始图片质量、平台要求等多方面因素，我们需要综合运用多项操作技能，以达到预期的设计效果。下面，以如下任务为例，训练大家综合运用Photoshop多项操作方法，设计淘宝详情页主图后期处理的相关操作技能。

任务：服装3D镂空拍摄主图后期设计处理

1.任务目标

运用Photoshop软件，将下面服装镂空拍摄原始图片处理成淘宝网店主图（图3-74）。

图3-74 镂空拍摄服装素材图

2.任务训练的核心技能

Photoshop软件操作中快速修复工具组、图层变换、颜色调整、液化工具、图层叠加、模糊处理等操作技能。

3.任务操作详细步骤

（1）第一步：找到拍照姿势和款式与原始图片相似的成品图片为调整参考图片。这一步最好在拍摄前就做好（图3-75）。

图3-75　参考图片

（2）第二步：调整偏色。复制图层，按"Ctrl+M"调出"曲线"对话框，点击"灰场吸管📷"，再单击图片灰卡，定义图片中性灰，曲线形状改变，图片偏色得以调整（图3-76）。留意，基于调整灰色的需要，照片拍摄时，就需要提前在画面背景上放置灰卡。

图3-76　调整偏色

（3）第三步：裁剪图片。单击"裁剪工具🔲"，裁剪图片，将图片多余的背景部分裁剪干净（图3-77）。

图3-77 裁剪图片

（4）第四步：新建图片中线参考线。拉出垂直方向参考线，将参考线放置在服装中心，即领窝中心位置（图3-78）。

（5）第五步：调正图片位置。按"Ctrl+T"调出图片调整框，将调整框中点放置在参考线上领窝位置，旋转图片，使图片竖直（图3-79）。

（6）第六步：抠图换白底。运用"魔棒工具🔲"，选择"添加到选区🔲"，快速选择图片灰色背景，再按"Ctrl+Shift+I"反选，初步建立服装选区（图3-80）。

运用"多边形套索工具🔲"，选择"从选区减去🔲"，去除服装下面支撑杆，形成完整的服装选区（图3-81）。

调整选区。在选择工具激活的状态下，点击"调整边缘"，调出调整边缘对话框，选择合适的参数（图3-82）。

图3-78　新建参考线

图3-79　调正图片位置

图3-80　初步建立选区

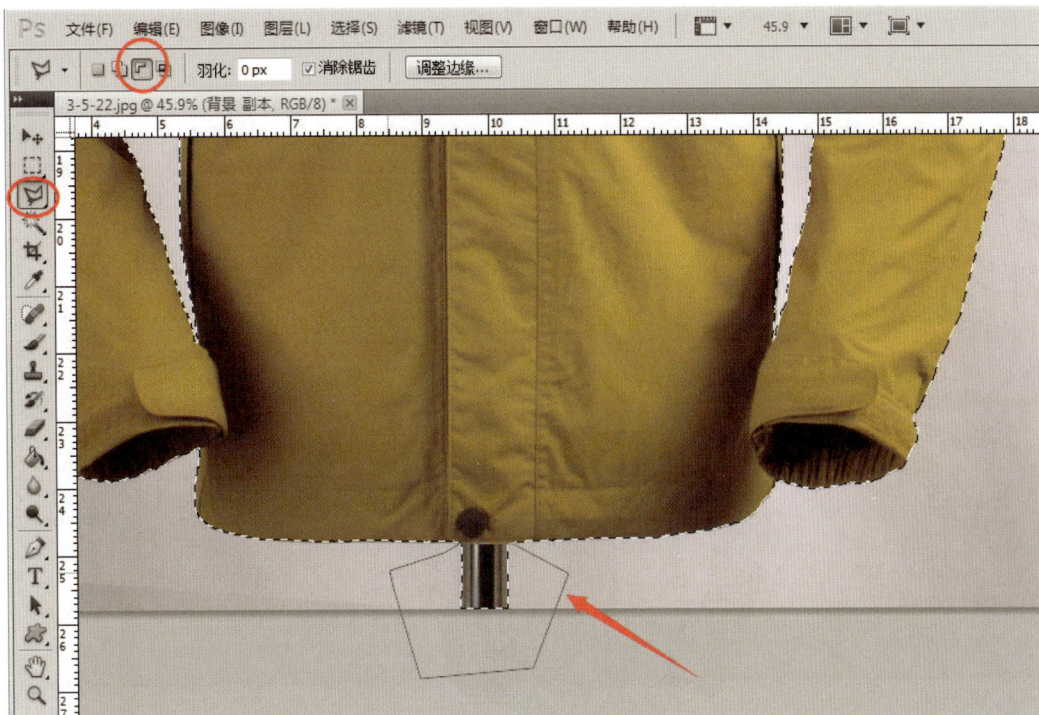

图3-81 建立完整选区

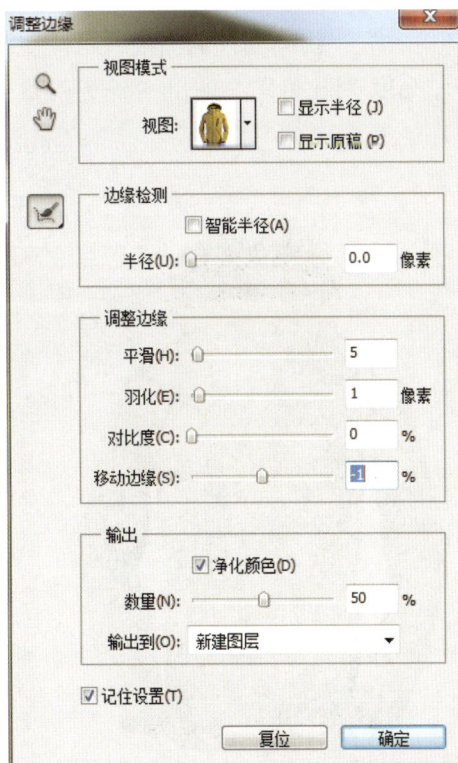

图3-82 调整边缘

换背景。在调整边缘对话框单击"确定"后完成抠图。在抠好的图层下面新建图层，填充白色（图3-83）。

图3-83　抠图换白底

（7）第七步：图片调色。首先，提高图片的亮度，可以使服装看起来更新、更靓丽。单击"图像"—"调整"—"亮度/对比度"，调出"亮度/对比度"对话框，适当提高亮度值，增加图片亮度（图3-84）。

图3-84　提高图片亮度

其次，提高图片色彩饱和度，可以让服装色彩更艳丽、更新、更时尚。单击"图像"—"调整"—"自然饱和度"，调出"自然饱和度"对话框，适当提高自然饱和度值，增加图片色彩的饱和度（图3-85）。

图3-85　提高图片色彩饱和度

最后，提高图片清晰度，可以让服装图片看起来更清晰，更有质感。运用添加"去色"—"高反差保留图层"的锐化方式，来柔和提高图片的清晰度。首先复制图层，然后按"Ctrl+U"将复制的图层去色，变成灰度图（图3-86）。

图3-86　图片去色

单击"滤镜"—"其他"—"高反差保留",调出"高反差保留"对话框,适当调整"半径"值,提高灰度图的对比度(图3-87)。

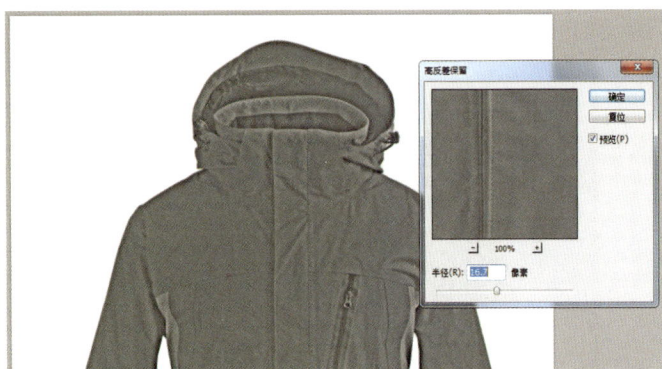

图3-87　高反差保留处理

选择灰度图的图层叠加模式为"柔光",将灰度图层以柔光的方式叠加到原图层上,完成图层的锐化,增加图片的清晰度和面料的质感(图3-88)。

图3-88　图层叠加模式

(8)第八步:调整服装的大型。主要参考选定的成品图片,对服装的肩部、长短、廓型等大型进行调整。将参考图片置入文件,放在需调整图片的下边。调整图片的透明度,使参考图片亦可见(图3-89)。

按"Ctrl+T"调出调整框,综合运用"变形"等调整方法,参照成品图,对服装的肩部、长短、廓型等大型进行调整(图3-90)。

(9)第九步:调整服装的细节。单击"滤镜"菜单,选择"液化"命令,调出"液化"界面。对服装细节部位,如帽头的弧度、袖子的线条等部位的细节进行微调(图

图3-89　置入参考图片

图3-90　调整图片大型

3-91）。

（10）第十步：服装去皱。皱褶虽然影响美观，但它是服装不可避免的一种形态，也是服装实拍的象征，所以服装去皱需要适度。通常，为了保持服装面料的质感，我们多用面料

图3-91　液化调整图片细节形状

其他部位来遮挡或取代皱褶部位以实现去皱。

　　选择"仿制图章🔳"工具，按住"Alt"键单击没有皱褶的相近部位取点，再涂抹皱褶部位，实现消除皱褶（图3-92）。

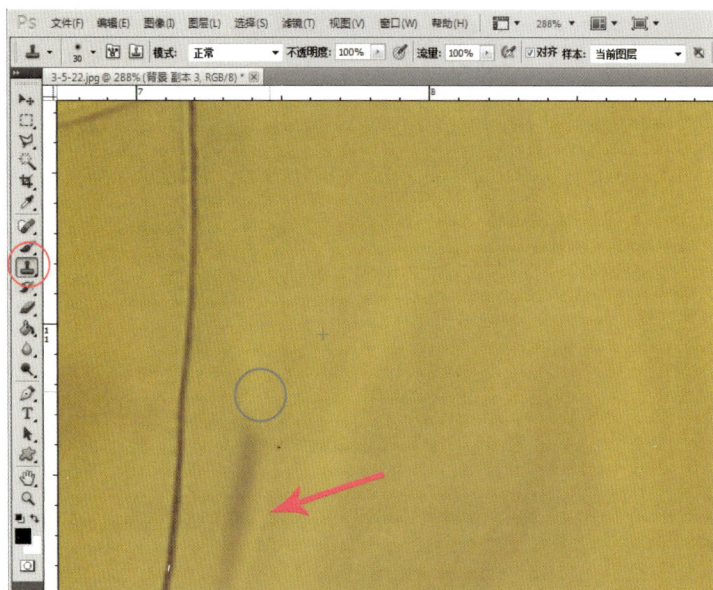

图3-92　仿制图章去皱

　　也可以应用"移植法"去皱，即在复制没有皱褶区域，然后将皱褶覆盖。先选取一块没有皱褶的区域，复制图层，然后将图层移到皱褶上方（图3-93）。

图3-93　移植法去皱

再给移植图层添加"蒙板"，配合虚化效果画笔绘制图层边缘，使移植图层与背景融合（图3-94）。

图3-94　蒙板虚化边缘

（11）第十一步：将图片置入有品牌Logo的统一排版的模板中，完成图片处理（图3-95）。

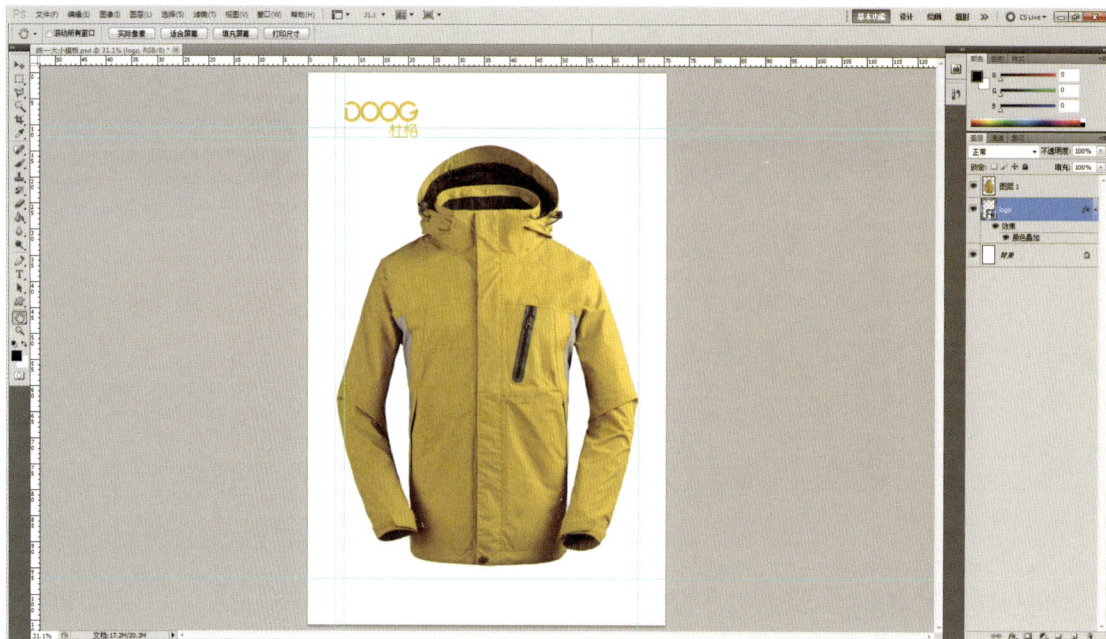

图3-95　完成图片处理

模块四　服装电商代码设计

项目一　Html与电商

一、Html简介

（一）什么是Html

Html英文全称是 Hypertext Marked Language，是用来描述网页的一种超文本标记语言。"超文本"表示页面内可以包含链接、图片，甚至flash动画、视频等非文字元素。它是一种排版网页中资料显示位置的标记语言，而非一种编程语言，其本质是用一套标记标签（Markup Tag）来描述网页，将所需要表达的信息按某种规则写成Html文件，通过专用的浏览器来识别，并将这些Html文件"翻译"成可以识别的信息，即现在所见到的网页（图4-1）。

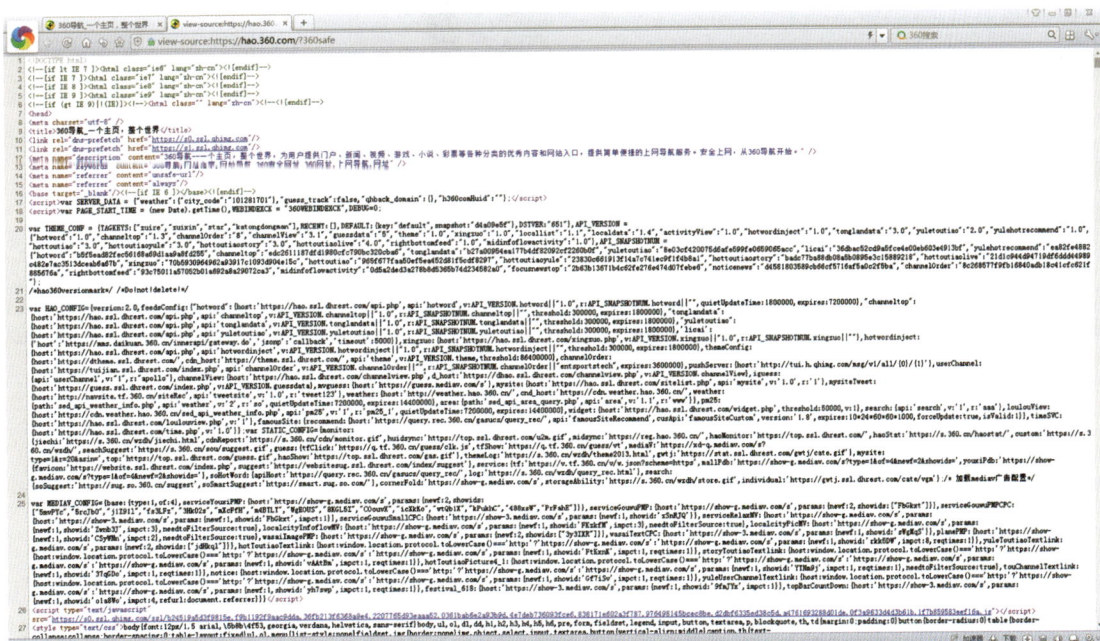

图4-1　"360导航—主页"html文件

网页文件本质就是一种文本文件，其通过在文本文件中添加各自特定的标记符，来定义浏览器以何种方式显示其内容，如如何显示文字、图片，页面如何排列等。浏览器按顺序阅读网页文件，然后根据标记符解释和显示其标记的内容。不同的浏览器，对同一标记符可能会有不完全相同的解释，因而可能会有不同的显示效果。如果标记书写出错，浏览器则解释出错，从而以错误的方式显示。

Html作为网络的通用全置标记语言，功能强大，制作相对简单。设计者运用它可以建立文本、图片、链接等多元素相结合的复杂页面，这些页面与平台无关，可以在网上被使用任何类型的计算机或浏览器的用户浏览。

（二）Html文件的编辑

Html作为一种文本，可以使用多种方式对它进行编辑。最常用的为Windows自带的记事本或写字板。它也可由所见即所得软件Dreamweaver编辑。所见即所得软件开发速度快，效率高，且直观的表现强，任何地方进行修改只需要刷新即可显示。如图4-2所示，用Dreamweaver在网页中插入图片。

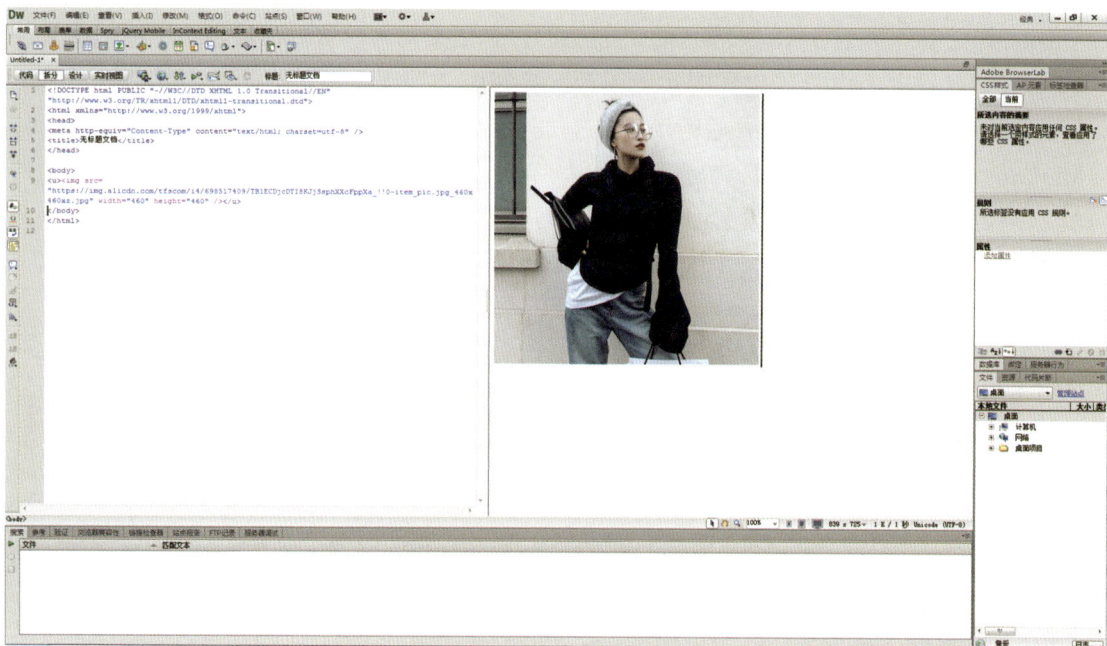

图4-2　用Dreamweaver在网页中插入图片

既然是文本，当然也可以用Microsoft Office Word、WPS等文字编辑软件来编写，只是在保存时留意存为Html文件。即在保存时使用".htm"或".html"作为扩展名，以方便浏览器直接读取。如图4-3所示，用Microsoft Office Word编辑Html文件。

（三）Html文件的整体结构

Html文件以<html>代码为开头，以</html>表示该文件的结尾，它们是超文本标记语言文件的开始标记和结尾标记。标记符<html>，说明该文件是用超文本标记语言来描述的。

Html文件结构包括<head>和<body>，其中"头"部分提供关于网页的信息，"主体"部分提供网页的具体内容。<html>、<head>、<body>这三个标记符用于页面整体结构的确认。

（四）Html标签、元素

Html标签是由尖括号包围的英文和符号，如 <html>，它是Html语言最标志性和最显著的

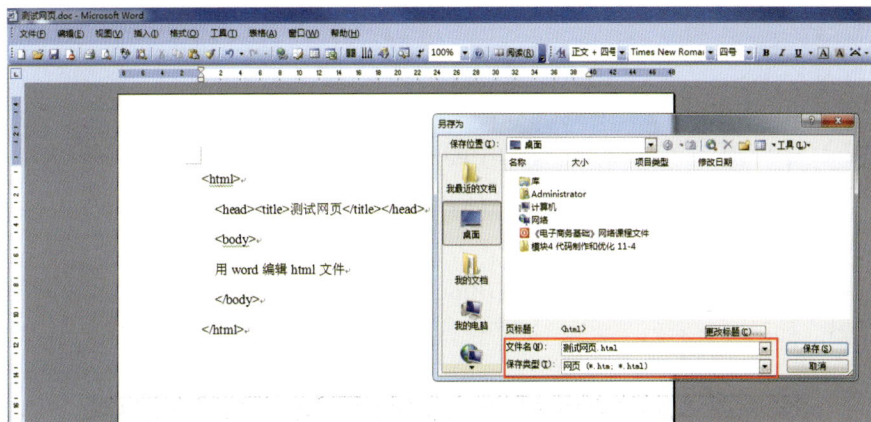

图4-3 用Word编辑Html文件

特点，也是Html语言最基本的单位和最重要的组成部分。

标记符中的标记元素用尖括号括起来，带斜杠的元素表示该标记说明结束。

Html标签有两种存在形式，第一种为成对出现标签，如 <head> 和 </head>。标签对中的第一个标签是开始标签，也被称为开放标签，第二个标签是结束标签，被称为闭合标签。成对出现的标签，其内容在两个标签中间。第二种为单独呈现的标签，如强制换行标签
。单独呈现的标签，可在标签属性中赋值，如图片标签 <img src= "--"/>。

Html标签在输入时与大小写无关，如在写"头部"标签时，输入成<head>或<head>表示的意思是一样的,但规范的Html语言输入时，建议都使用小写。

Html元素指的是从开始标签到结束标签的所有代码，通常包括标签和内容。开放标签的Html元素以开始标签起始，以结束标签终止，开始标签与结束标签之间的部分为元素的内容。单独呈现标签所表示的Html元素具有空内容，空元素在开始标签中进行关闭，以开始标签的结束而结束。

Html文件列宽可不受限制，即多个标记可写成一行，甚至整个文件可写成一行。浏览器在显示时，通常会忽略文件内容中的回车符和空格符，即多个回车符和空格符通常只显示为一个空格。如果要显示完整的空格，需要使用特殊符号来表示。

标记符号，包括尖括号、标记元素、属性项等必须使用半角的西文字符，而不能使用全角字符。

（五）Html属性

Html 标签可以拥有属性。属性提供了有关Html元素更多的信息，并总是在Html元素的开始标签中规定。属性总是以属性和相应的属性值的形式出现，任何元素拥有何种属性以及该属性对应怎样的属性值都有严格的规定。多个属性输入次序不限，其间用空格分隔。属性值必须被包括在双引号内。在某些个别的情况下，如属性值本身就含有双引号，那么必须使用单引号。属性和属性值的输入可以不分大小写。但是，万维网联盟在其 Html 4 推荐标准中推荐小写的属性/属性值。而新版本的（X）Html要求使用小写属性。

例如，Html中对文字颜色和大小的描述可以借助font标签的color和size这两个属性及相应的属性值来描述：<font color="red" size="6">此处文字颜色为红色，大小为6个单位</font>。

二、Html在淘宝店铺装修设计及运营中的应用

Html在淘宝店铺的装修设计和运营中应用非常广泛。

（一）Html与淘宝店铺页面装修设计

淘宝店铺页面装修设计中，广泛使用Html代码。如首页装修中的各自定义模块设计，都需要运用代码。如图4-4所示，淘宝店铺后台首页自定义内容区的代码模式。

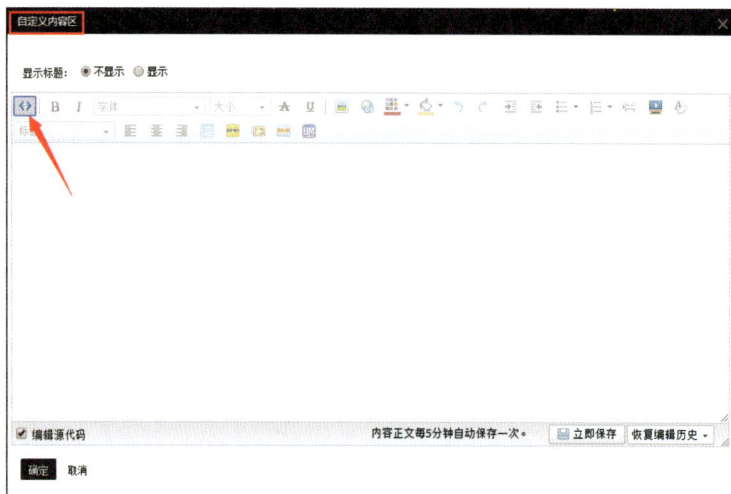

图4-4　淘宝店铺后台首页自定义内容区的代码模式

（二）Html与淘宝上货

淘宝详情页设计和优化及后续的上货也需要运用Html。如图4-5所示，淘宝店铺后台上货页面的源码操作界面（图4-5）。

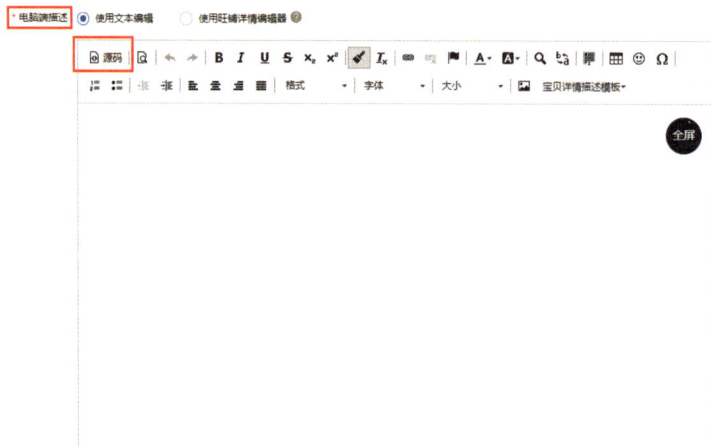

图4-5　淘宝店铺后台上货页面的源码操作界面

（三）Html与淘宝网页排版设计

淘宝网页排版设计必须使用Html。如图4-6所示，淘宝详情页代码文件设计。

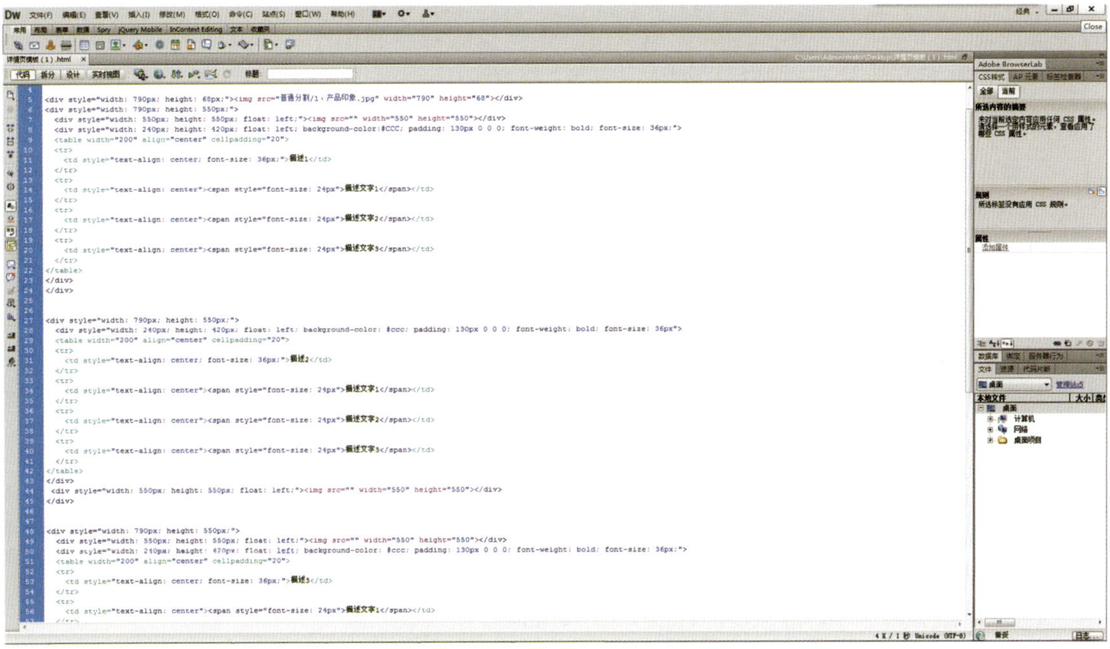

图4-6　淘宝详情页代码文件设计

（四）Html与淘宝SEO

淘宝网页的优化及淘宝SEO关键词的添加也必须使用Html。如图，为淘宝详情页布局关键词“保暖”和“高弹”（图4-7）。

```
<table id="__01" width="750" height="3948" border="0" cellpadding="0" cellspacing="0">
    <tr>
        <td>
            <img src="images/&#x8be6;&#x60c5;&#x9875;&#x8bbe;&#x8ba1;&#xff08;&#x89c6;&#x4f20;&#xff09;_01.gif" width="750" height=
"1168" alt="保暖" title="高弹"></td>
    </tr>
    <tr>
        <td>
            <img src="images/&#x8be6;&#x60c5;&#x9875;&#x8bbe;&#x8ba1;&#xff08;&#x89c6;&#x4f20;&#xff09;_02.gif" width="750" height=
"1124" alt="" title=""></td>
    </tr>
    <tr>
        <td>
            <img src="images/&#x8be6;&#x60c5;&#x9875;&#x8bbe;&#x8ba1;&#xff08;&#x89c6;&#x4f20;&#xff09;_03.gif" width="750" height=
"830" alt="" title=""></td>
    </tr>
    <tr>
        <td>
            <img src="images/&#x8be6;&#x60c5;&#x9875;&#x8bbe;&#x8ba1;&#xff08;&#x89c6;&#x4f20;&#xff09;_04.jpg" width="750" height=
"826" alt="" title=""></td>
    </tr>
</table>
```

图4-7　淘宝详情页布局关键词

项目二　服装电商基础代码设计

与普通网页代码设计不同，淘宝网店铺的代码设计，是在基于淘宝网整体网页架构下进行的。所以，淘宝网店铺的代码设计，必须在淘宝网提供给各用户的端口中，遵循淘宝网的统一要求下开展。这一前提就注定了淘宝网店铺的代码设计，兼具普通网页代码设计的共性和淘宝网要求的特性。淘宝网店铺的代码在遵循普通代码设计规则的同时，必须符合淘宝网的要求。其中，突出特点为：为确保淘宝网整体架构的安全和稳定，以及淘宝网整体的视觉效果，淘宝网对代码使用有严格的规定，什么代码能用，什么代码不能用，有明确的界限。我们需要在熟知这些规则的前提下，熟练使用淘宝网允许使用的代码，开展店铺的设计。

下面，我们从普通网页代码设计开始，来熟悉代码设计的基础规则和方法，这些共性的方法在淘宝网页代码设计中同样适用。

一、普通网页基础代码

最简单的网页需要用到\<html\>、\<head\>、\<body\>、\<title\>这四个标签。\<html\>……\</html\>引导整个网页。网页又包含两个部分：标头区\<head\>……\</head\>，内容区\<body\>……\</body\>，\<title\>则包含在标头区内，用来为这个网页命名。

（一）\<html\>……\</html\>

\<html\>标签用于Html文档的最前边，用来标识Html文档的开始。而\</html\>标志放在Html文档的最后边，用来标识Html文档的结束，两个标志必须一同使用。

（二）\<head\>……\</head\>、\<title\>……\</title\>

\<head\>和\</head\>构成Html文档的开头部分，该标签对的内容都是用来描述Html文档相关信息的，不会在浏览器的框内显示出来。两个标志必须一块使用。在\<head\>和\</head\>标签对之间可以使用\<title\>和\</title\>标签。在\<title\>\</title\>标签对之间输入文本，此文本可在浏览器窗口最上边蓝色部分显示，即网页的主题。

（三）\<body\>……\</body\>

\<body\>和\</body\>是Html文档的主体部分，也是网页设计的主要部分。它们所定义的文本、图像等将会在浏览器的框内显示出来。

☞ 任务：用记事本制作一个简单网页代码

1.任务目标

运用记事本软件，制作一个简单的网页代码。

2.任务训练的核心技能

代码输入方法、代码文件保存方法、网页代码构成、网页基础代码。

3.任务操作详细步骤

（1）第一步：在桌面单击右键，新建一个"文本文档"，将文本文档重命名为"网页"。

（2）第二步：编辑文本文档。打开文本文档，输入：

```
<html>
    <head><title>我的第一个网页</title></head>
    <body>
```

再别康桥

</body>

</html>

留意输入的方式：与普通从前到后的文本输入顺序不同，代码要先输入尖括号，再输入里面代表元素的英文。先输入元素开始和结尾，再插入内容。将标签按层级排列好如图4-8所示。

图4-8　记事本编辑第一个网页

（3）第三步：储存文本文档和网页。按"Ctrl+S"，保存文本文档。再按单击"文件"—"另存为"，调出"另存为"对话框，保持文件名"网页"不变，更改后缀名"txt"为"html"，选择"文件类型"为"所有文件"，选择"编码"为"UTF-8",然后保存（图4-9）。桌面将出现一个文件名为"网页.html"的网页文件。

图4-9　保存网页文件

（4）第四步：同时用记事本打开"网页.txt"文件和用浏览器打开"网页.html"文件（图4-10）。

二、淘宝店铺网页文字编辑

文字编辑在淘宝店铺各页面设计中非常常见。文字不但是视觉设计中重要的组成部分，而且，由于文字可以被淘宝搜索引擎抓取，从而使其还具有搜索优化的意义。网页文字排

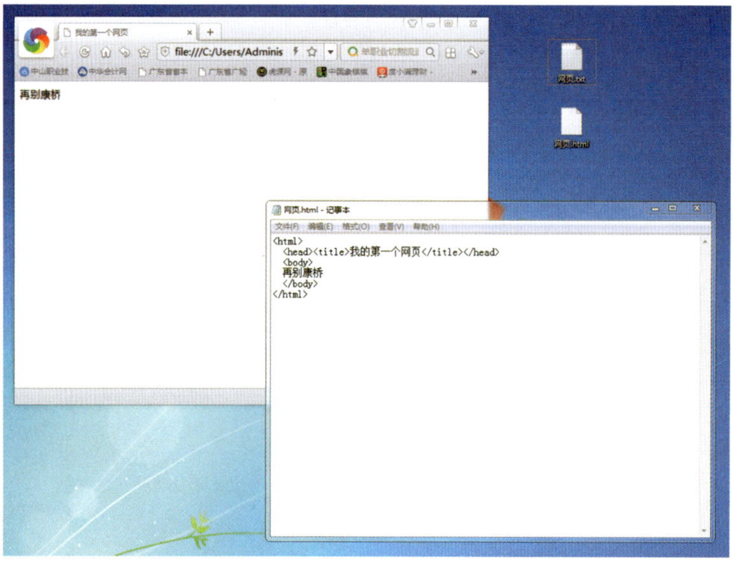

图4-10　记事本和网页对照

列和修饰需要用到\<p>、\
、\<hx>、\<b>、\<i>等一系列标签。这里所介绍的标签都是用于\<body>和\</body>标签对之间的，由于淘宝网已经确定基本的网站架构，所以，在淘宝代码编辑器中，这些代码可以不用\<body>和\</body>标签而直接载入。

（一）\<p>……\</p>

\<p>和\</p>标签对是用来创建一个段落，在此标志对之间加入的文本将按照段落的格式显示在浏览器上。\<p>标志还可以使用align属性，它用来说明对齐方式，语法：\<p align="参数">\</p>

Align的属性值是Left（左对齐）、Center（居中）和Right（右对齐）。例如，\<p align="center">\</p>表示标签对中的文本使用居中的对齐方式。

（二）\

\
是一个单标签，它没有结束标志，用来创建一个换行。注意：如果把\
加在\<p>和\</p>标签对的外边，将创建一个大的回车换行，即"\
"前边和后边的文本的行与行之间的距离比较大。若放在\<p>……\</p>的里边，则\
前边和后边的文本的行与行之间的距离将比较小。

（三）\<h1>\</h1>……\<h6>\</h6>

\<hx>标签用来定义文本为标题。其中，x为1—6：\<h1>\</h1>、\<h2>\</h2>……\<h6>\</h6>。\<h1>\</h1>是最大的标题，而\<h6>\</h6>则是最小的标题。在淘宝网中，标题不但影响文字的显示方式，还增加了文字的搜索权重。

（四）\<b>……\</b>、\<i>……\</i>、\<u>……\</u>、\<del>……\</del>

\<b>\</b>用来使文本以黑体字的形式输出；\<i>\</i>用来使文本以斜体字的形式输出；\<u>\</u>用来使文本以下划线的形式输出；\<del>\</del>用来使文本以中划线的形式输出。

（五）_{……\}、\^{……\}、\<small>……\</small>、\<big>……\</big>

_\用来使文本以下标文字的形式输出；\[\]用来使文本以上标文字的形

式输出；\<small>\</small>使文本较默认文字大小小一号；\<big>\</big>使文本较默认文字大小大一号。

（六）\<font>……\</font>

\<font>\</font>可以对输出文本的字的大小、颜色、字体进行改变。这些改变分别是通过对它的三个属性size、color和face的控制来实现的。

（七）特殊字符

在Html文件编辑中，包括空格在内的特殊字符需要输入其特定的编码才能在浏览器中显示。其中，特殊字符的编码有两种，第一种为"&"加"特定英文"再加"；"结束，如空格为" ；"；另一种为"&"加"#"再加"特定数字编码"再加"；"结束，如空格为" ；"。所有特殊字符都有相应的编码，如"¥"为"&#165；"。

☞ 任务：网页文字排版和修饰

1.任务目标

运用记事本软件，对网页文字代码进行修饰和排版。

2.任务训练的核心技能

Html语言中\<p>、\
、\<h1>、\<b>、\<i>、\<u>、\<del>、\<sub>、\<sup>、\<small>、\<big>、\<font>等文字修饰代码的应用技能。

3.任务操作详细步骤

（1）第一步：同时用记事本打开"网页.txt"文件和用浏览器打开"网页.html"文件。编辑文本文档，输入《再别康桥》诗歌文字两段。

在文本文档中按照段落排好诗歌。保存"网页.txt"文件，再刷新"网页.html"文件，观察"网页.html"文件的显示效果（图4-11）。

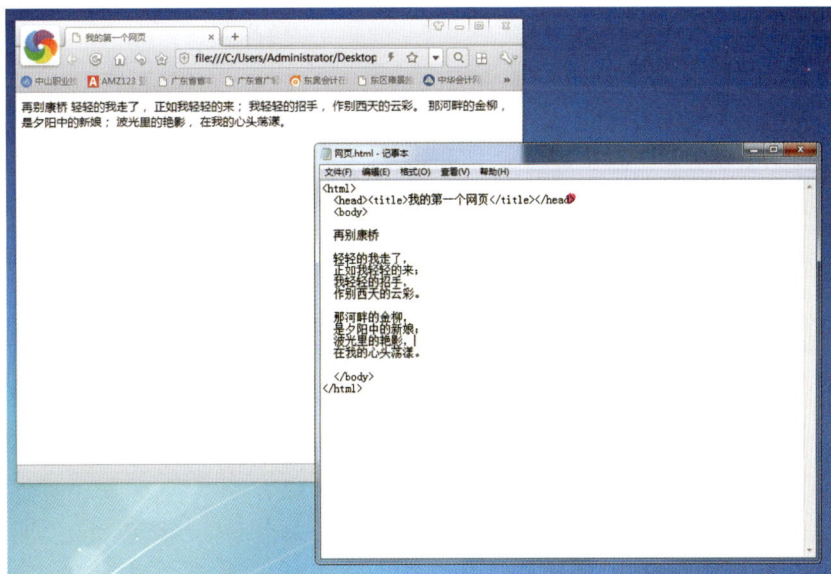

图4-11 输入诗歌文本

网页文件显示，诗歌标题和正文缩成一行，没有像文本文档一样分段排列。可见，文本中的分段符在网页中不起作用。要在网页中显示文字排列，需要使用专门的标签。

（2）第二步：在文本的每段加入<p>标签，实现文档换段。在标题和每段的前后分别加入<p>和</p>。

保存"网页.txt"文件，再刷新"网页.html"文件，观察"网页.html"文件的换行显示效果（图4-12）。

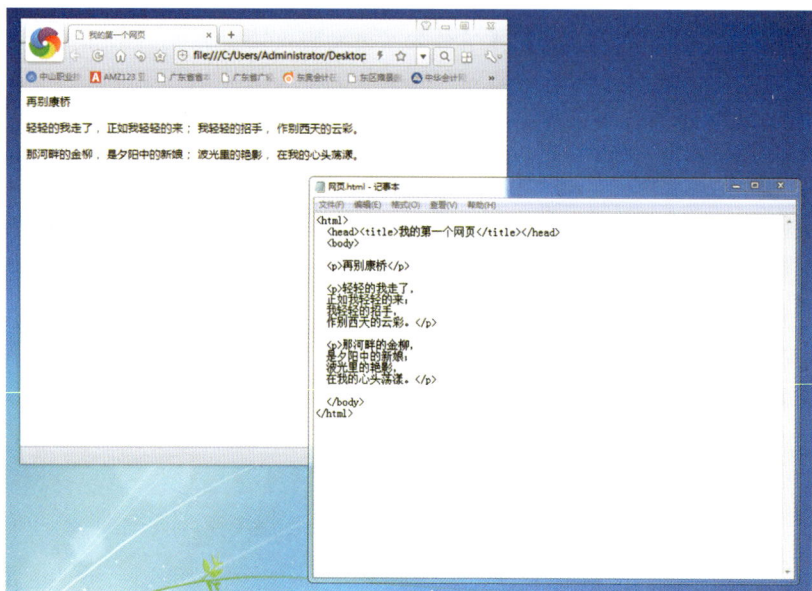

图4-12　换段效果

（3）第三步：在文本的每段加入
标签，实现文档段内换行。在每行文字的后面加入
。

保存"网页.txt"文件，再刷新"网页.html"文件，观察"网页.html"文件中段落内的换行效果（图4-13）。

（4）第四步：在诗歌标题"再别康桥"处加入<h1>标签，定义文字为标题。

保存"网页.txt"文件，再刷新"网页.html"文件，观察"网页.html"文件中标题"再别康桥"的显示效果（图4-14）。

（5）第五步：在诗歌第一段第一行"轻轻的我走了，"处加入<b>标签，第二行"正如我轻轻的来；"处加入<i>标签，第三行"我轻轻的招手，"处加入<u>标签，第四行"作别西天的云彩。"处加入<del>标签，分别为文字添加"加粗"、"倾斜"、"下划线"、"中划线"效果。

保存"网页.txt"文件，再刷新"网页.html"文件，观察"网页.html"文件中第一段文字所呈现的不同的显示效果（图4-15）。

（6）第六步：在诗歌第二段第一行的"金柳"处加入<sub>标签，第二行的"新娘"处加入<sup>标签，第三行"波光里的艳影，"处加入<small>标签，第四行"在我的心头荡

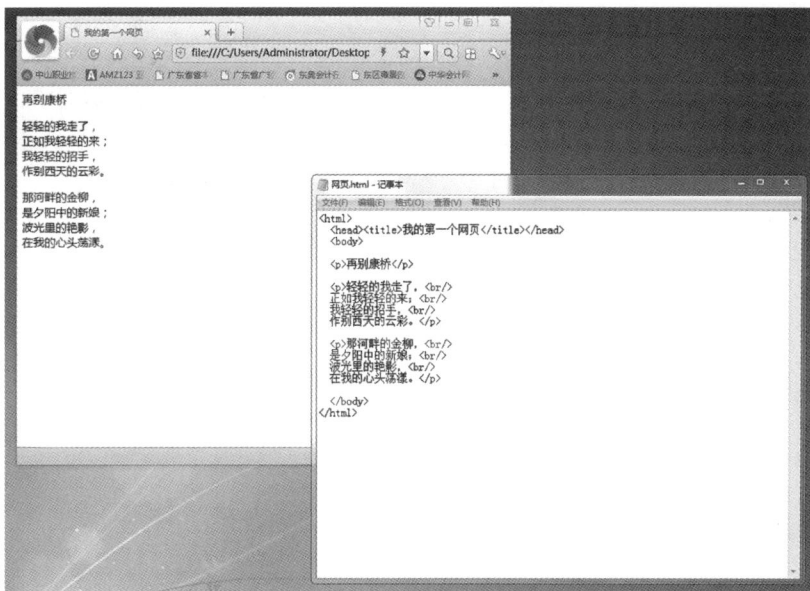

图4-13 换行效果

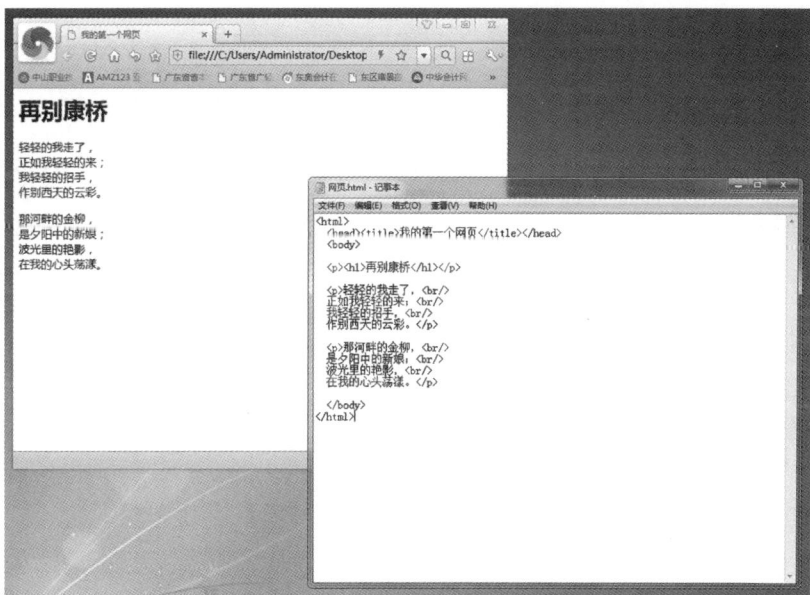

图4-14 h1标题效果

漾。"处加入<big>标签，分别为文字添加下标文字、上标文字、小一号、大一号效果。

保存"网页.txt"文件，再刷新"网页.html"文件，观察"网页.html"文件中第二段文字所呈现的不同的显示效果（图4-16）。

（7）第七步：在诗歌后面添加"作者：徐志摩"，并为文字添加<font>标签，增加size、color和face属性和相应的属性值，分别为文字添加文字加大、红色和华文彩云字体的

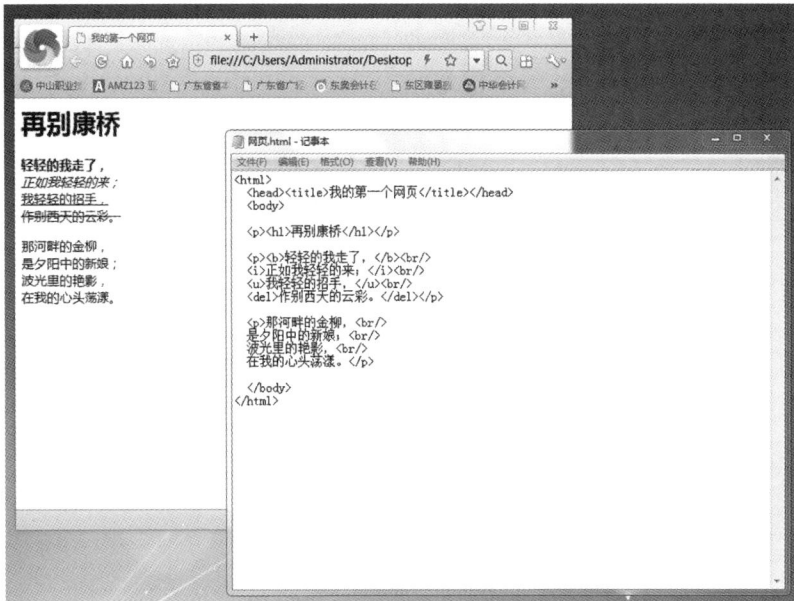

图4-15　文字修饰系列效果1

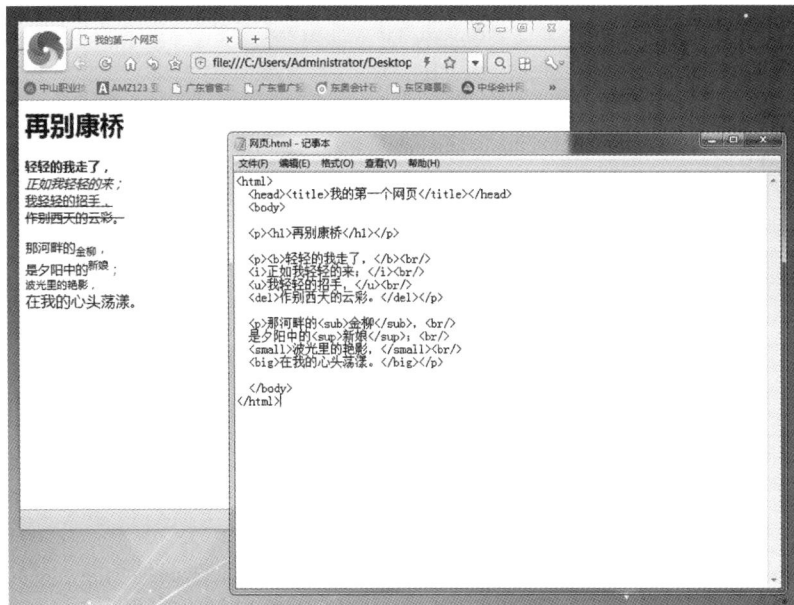

图4-16　文字修饰系列效果2

效果。

　　保存"网页.txt"文件，再刷新"网页.html"文件，观察"网页.html"文件中最后一段文字"作者：徐志摩"所呈现的显示效果（图4-17）。

　　（8）第八步：在"作者：徐志摩"前加入多个空格，以达到文字前空两字的排版效果。

图4-17 〈font〉文字修饰效果

保存"网页.txt"文件，再刷新"网页.html"文件，观察"网页.html"文件中最后一段文字"作者：徐志摩"所呈现的空格显示效果（图4-18）。

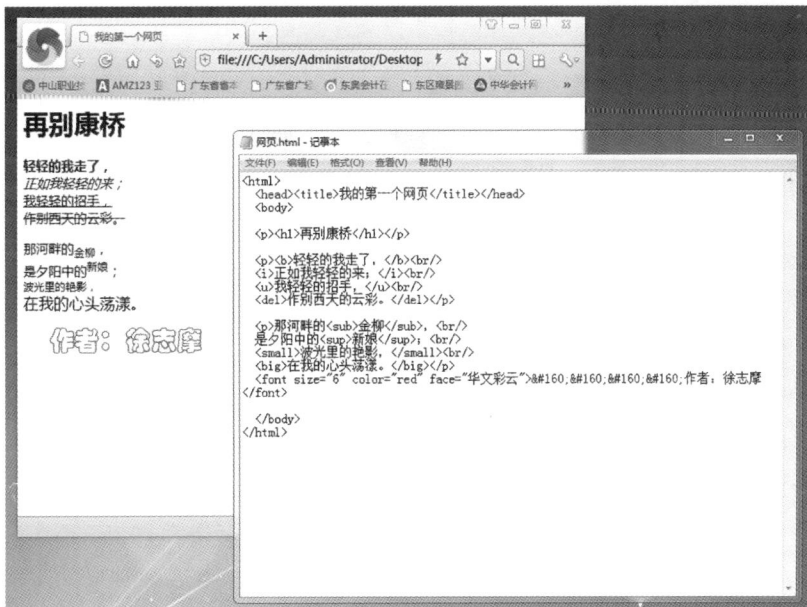

图4-18 特殊字符代码效果

三、淘宝店铺网页中的图片和链接

图片和链接是网页的重要内容，Html语言专门提供了\<img>和\<a>两个标签来处理图像和链接。需要注意的是，淘宝网不允许增加网外链接。

（一）<img/>

<img/>标签专门用来为网页加入图片。<img/>标签是一个单标签，而且单独的它不能把图像加入到Html文档中，需要配合它的src属性赋值图像文件的地址。地址包括两种，一种是图片的本地地址，另一种是图片的网络地址。其中，需要注意的是，本地地址必须详细到文件后缀名，否则不能被读取。

<img/>标签还有alt、title、align、border、width和height属性。其中，title属性是当光标移动到图像上时显示的文本，alt属性是图像不能正常显示时的解释文本。由于title和alt这两个属性可加入文本，而文本可以被淘宝搜索引擎抓取，因而在淘宝店铺代码设计时，可以利用这两个属性布局关键词。

Align属性定义是图像相对于浏览器的对齐方式，其属性值为lift、center和right，默认为left。Border属性定义图像的边框，可以取大于或者等于0的整数，默认单位是像素。Width和Height属性定义图像的宽和高，默认单位也是像素。

（二）<a>……</a>

<a></a>标签专门用来为网页加入链接。<a>和</a>对夹在他们之间的内容增加链接。和<img/>标签相同的是，单独的该标签也不能把链接加入到Html文档中，需要配合它的href属性赋值到链接到的目标地址。示例如下：

<a href="http://http://www.taobao.com/">点击这文字可以跳转到淘宝网</a>

需要留意的是，淘宝网通常会屏蔽站外链接，所以制作淘宝店铺代码时，链接到淘宝网外的地址都是无效的。

此外，<a></a>还有target这一重要属性，此属性用来定义跳转时是否新建窗口。其属性值为"_blank"和"_self"，分别代表新建窗口和不新建窗口，其中，"_self"不新建窗口为默认值。

任务：在网页插入图片和链接

1.任务目标

运用记事本软件，在网页中插入图片和链接。

2.任务训练的核心技能

在网页中插入<img/>图片和<a>链接代码的应用技能。

3.任务操作详细步骤

（1）第一步：新建一个新的文本文档，将文本文档重命名为"网页2"。

（2）第二步：编辑文本文档，在文档中插入一张存放在本地电脑桌面上的图片，输入代码。

（3）第三步：储存文本文档和网页。按"Ctrl+S"，保存文本文档。再按单击"文件"—"另存为"，调出"另存为"对话框，保持文件名"网页2"不变，更改后缀名"txt"为"html"，选择"文件类型"为"所有文件"，选择"编码"为"UTF-8",然后保存。桌面将出现一个文件名为"网页2.html"的网页文件。同时用记事本打开"网页2.txt"文件和用浏览器打开"网页2.html"文件（图4-19）。

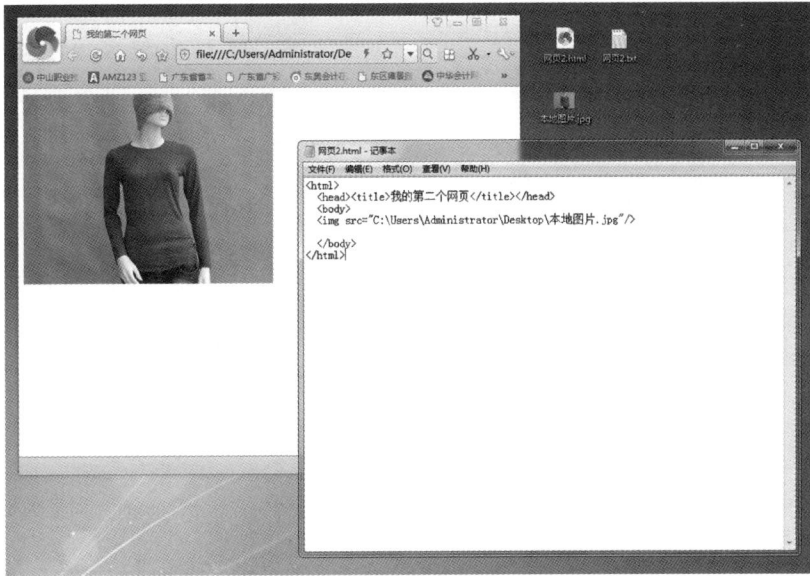

图4-19　记事本编辑第二个网页

（4）第四步：选定网页图片。打开"360导航—首页"，选定一张图片，单击右键，选择"复制图片地址"（图4-20）。

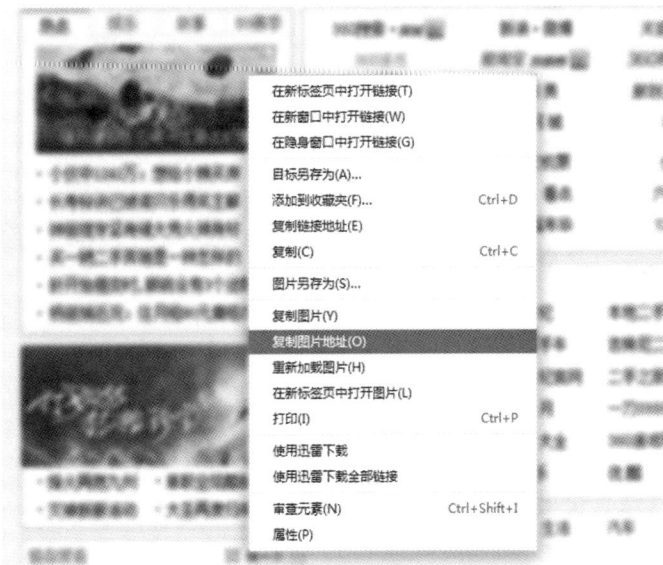

图4-20　复制图片地址

（5）第五步：在文档中插入网页图片。打开"网页2.txt"，输入代码。

保存"网页2.txt"文件，再刷新"网页2.html"文件，观察"网页.html"文件已经插入网络图片（图4-21）。

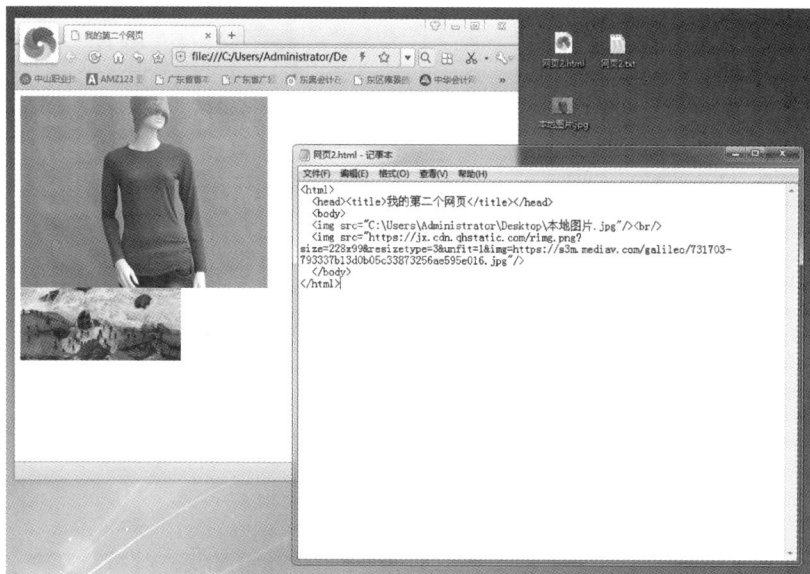

图4-21　在网页中插入图片

（6）第六步：给图片增加链接，链接到淘宝网，输入代码。

保存"网页2.txt"文件，再刷新"网页2.html"文件，观察"网页.html"文件，鼠标放到第一张本地图片上，鼠标形状变成小手形状，表示已经成功添加链接，单击图片，网页跳转到淘宝网（图4-22）。

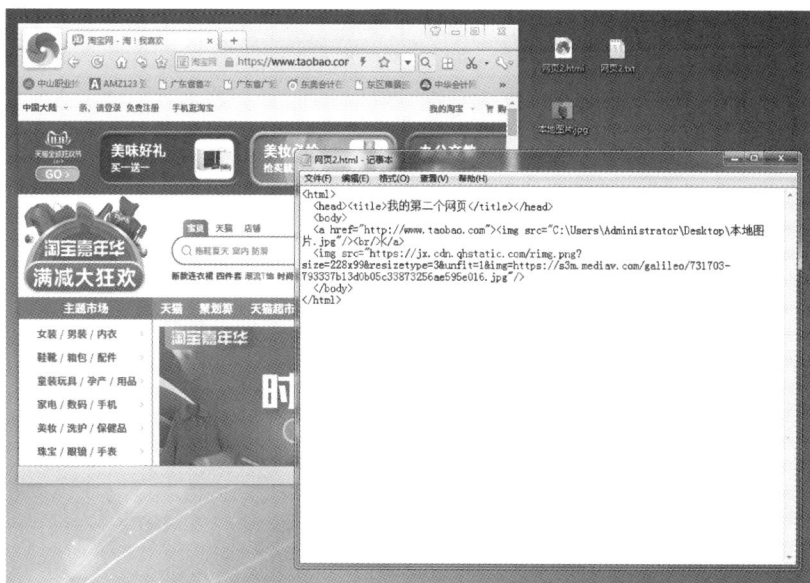

图4-22　在网页中插入链接

（7）第七步：给图片链接增加target属性的"_blank"值，使跳转时新建网页，输入代码。

保存"网页2.txt"文件，再刷新"网页2.html"文件，观察"网页.html"文件，鼠标单击图片，网页新建窗口并跳转到淘宝网（图4-23）。

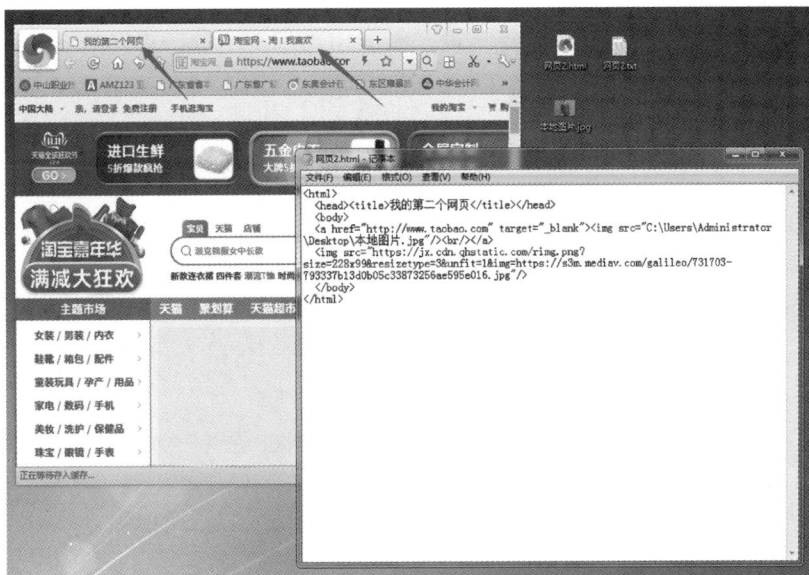

图4-23　给链接增加target属性

项目三　服装电商代码排版设计

排版设计是所有视觉设计的重要内容，服装电商页面设计也不例外。服装电商排版设计，通常以图文混排的形式出现。首先，我们需要知道的是，图文混排效果最好最直接的方法是使用像Photoshop这样的视觉设计软件进行排版，然后以图片的形式输出到页面中。那么为什么还需要应用代码来排版呢？

应用代码排版主要基于如下原因：首先，由于文字具有搜索意义，而图片没有，所以，基于增加搜索机会的需要，对于某些部位的文字，我们需要将其进行图文分离。其次，对于某些需要经常性改动的文字部位（如服装尺寸表），可以将文字单独代码排版，以方便后续操作。最后，需要对整个网页进行代码优化，以期搜索优化，提高代码稳定性和加载速度。

在淘宝店铺代码排版时，最常使用的方法为<table>标签排版和"div+css"排版。

一、使用记事本软件应用<table>标签排版

<table>标签本意为表格，即在网页中插入表格。<table>为双元素，结尾符必不可少。其包含一个或多个<tr>、<td>元素，分别代表表格的行和单元格。因为表格可以很方便地对网页各元素进行定位，所以，<table>也成为重要的排版标签。

（一）<table>……</table>

<table></table>标签对用来创建一个表格。它的属性较多，其中包括：

（1）控制表格背景类：bgcolor，background。淘宝网屏蔽表格的背景设置，所以这类属性在设置淘宝代码时不起效。

（2）表格边框类：border，frame，rules，bordercolor。在淘宝网页设置中，表格边框主要有大小、颜色、线型这三个参数需要设置。由于相较于使用表格边框类属性来定义这三项参数，使用CSS行内样式来定义要简单得多，所以，在实际操作中，前者基本被淘汰。

（3）表格空隙控制类：cellpadding、cellspacing。

（4）分别控制表格宽度和高度：width，height。这两个属性的属性值有两种表达方式，一种为绝对值定义，即直接写宽度和高度的px值；另一种为相对值，相对对象为<table>标签的父元素，没有父元素则为显示器，相对值以百分比表示。

（二）<tr>……</tr>、<td>……</td>

<tr></tr>标签对用来创建表格中的每一行。此标签对只能放在<table></table>标志对之间使用，而在此标志对之间加入文本将是无效的。

<td></td>标签对用来创建表格中一行中的每一个表格，此标签对只有放在<tr></tr>标签对之间才是有效的。

☞ 任务：设计制作淘宝服装标价图代码

1. 任务目标

运用记事本软件，在网页中插入一个宽为350px，高为300px，两行一列，边框大小为1px黑色实线的表格，并在表格中排版图片和文字。

2. 任务训练的核心技能

本任务核心训练：在网页中插入<table>表格代码的操作技能。

3. 任务操作详细步骤

（1）第一步：新建一个文本文档，将文本文档重命名为"网页3"。

（2）第二步：编辑文本文档，在文档中插入一个表格，输入代码。

（3）第三步：储存文本文档和网页。按"Ctrl+S"，保存文本文档。再按单击"文件"—"另存为"，调出"另存为"对话框，保持文件名"网页3"不变，更改后缀名"txt"为"html"，选择"文件类型"为"所有文件"，选择"编码"为"UTF-8",然后保存。桌面将出现一个文件名为"网页3.html"的网页文件。同时用记事本打开"网页3.txt"文件和用浏览器打开"网页3.html"文件（图4-24）。

（4）第四步：编辑表格，在表格中插入图片。在第一个单元格中插入图片，输入代码。

保存"网页3.txt"文件，再刷新"网页3.html"文件，观察"网页3.html"文件图片显示效果（图4-25）。

（5）第五步：编辑表格，在表格中插入文字，并适当调整文字格式。在第二个单元格中插入文字，应用align属性和center属性值，调整文字居中对齐，输入代码。

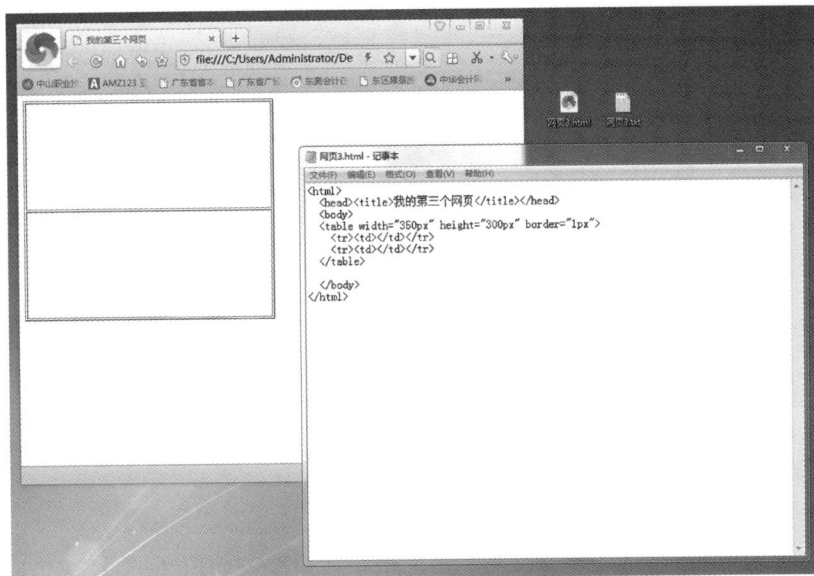

图4-24 插入表格

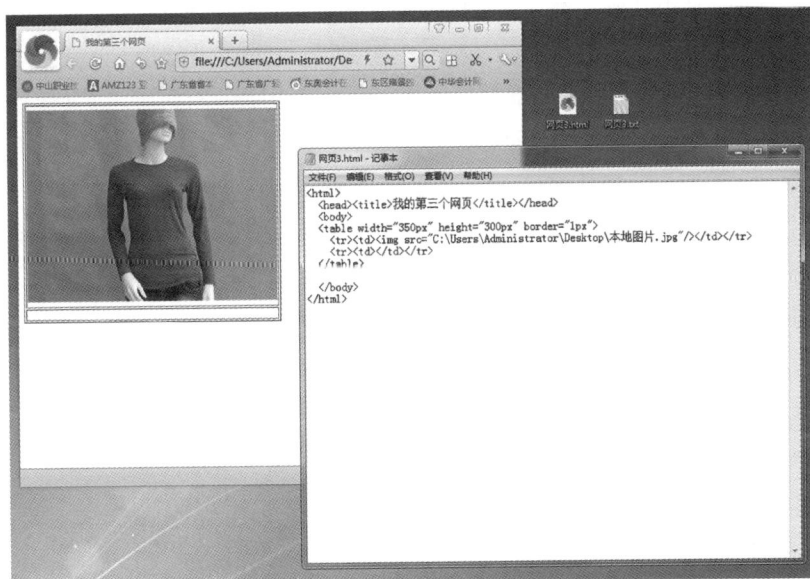

图4-25 在表格中插入图片

保存"网页3.txt"文件，再刷新"网页3.html"文件，观察"网页3.html"文件文字显示效果（图4-26）。

使用<table>表格来进行代码排版，是网页排版设计中常用的方式。同时，在淘宝网详情页等页面上传时，常常需要使用Photoshop软件对长图片进行切片而生成代码，而生成代码的默认排版标签即为<table>，所以，<table>标签在淘宝网页排版设计中尤其重要。

但是，作为布局代码，<table>有着非常明显的缺点：首先，就代码本身而言，<table>

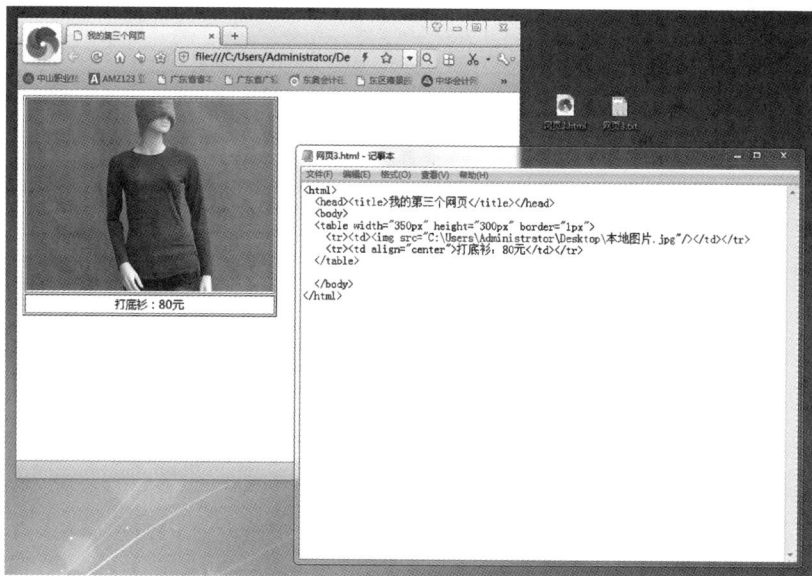

图4-26 在表格中插入文字

代码设计复杂，改版时工作量巨大，而且表现代码与内容混合，可读性差；其次，<table>代码多导致网页文件量大，浏览器解析速度慢且不利于数据调用分析，因而对搜索引擎不友好。所以，我们在进行淘宝SEO时，需要对<table>进行优化。通常，我们会使用<div>来替代<table>进行网页布局。

二、使用Dreamweaver软件应用"Div+CSS"排版

（一）<div>标签和CSS简介

<div>是Html中的一个双标签，一个块级元素,它可以把页面分割为独立的、不同的部分，并可对其内容进行样式的修饰，从而实现网页的布局和美化。浏览器通常会在它前后放置一个换行符，而使得其单独显示一行。<div>必须结合CSS来使用，单独使用没有任何意义。

CSS，全名Cascading Style Sheets，层叠样式表的缩写，用于定义Html元素的显示形式，是W3C推出的格式化网页内容的标准技术。CSS提供丰富的格式化功能，如字体、颜色、背景及整体排版等，设计者可以应用它设置不同的样式风格。

CSS样式表可分为嵌入式样式表、外部样式表和内联样式表三种，在同一文档内可以同时使用三种方法。但是，在淘宝网页设计中，只有内联样式才能显示。如果要使用外部样式，必须额外开通CSS权限。内联样式通常使用style这一属性结合属性值和属性可选值进行设置。例如，定义<div>内字体颜色可写成：

<div style="color:# ff00b4;">此块文字为红色</div>

（二）"div+CSS"布局

"div+CSS"是Web设计标准，它是一种网页的布局方法。与传统表格<table>布局定位的方式相比，它不但可以实现网页页面内容与表现相分离，还具有如下显著优势：

（1）使用"div+CSS"布局，页面代码更精简，网页体积更小。代码的精简使得加载速度得到提高，用户点击页面的等待时间变短，也从而提升网页的用户体验度。

（2）代码精简及排版结构清晰，使得网络蜘蛛能在最短的时间内爬完整个页面，从而提高了网络蜘蛛的爬行效率，避免了像<Table>那样层层嵌套而无法被搜索引擎抓取的问题，并更加有利于突出重点和适合搜索引擎抓取。采用"div+CSS"布局的网站对于搜索引擎友好，同时这样对收录质量有一定好处。

（3）若使用<table>布局网页，在使用不同浏览器情况下可能会发生错位，而"div+CSS"则不会，无论什么浏览器，网页都不会出现变形情况。

（三）Dreamweaver简介

Adobe Dreamweaver，简称"DW"，中文名称"梦想编织者"，是美国Macromedia公司开发的集网页制作和管理网站于一身的所见即所得网页编辑器，2005年被Adobe公司收购。DW是第一套针对专业网页设计师特别发展的视觉化网页开发工具，利用它可以轻而易举地制作出跨越平台限制和跨越浏览器限制的充满动感的网页。

Adobe Dreamweaver使用所见即所得的接口，亦有Html（标准通用标记语言下的一个应用）编辑的功能，最大好处为所见即所得的可视化代码设计。

任务：设计制作淘宝促销图代码

1.任务目标

运用Dreamweaver软件，制作淘宝促销图代码排版，排版效果如下（图4-27）。

图4-27 排版效果图

2.任务训练的核心技能

熟练使用Dreamweaver软件排版、div行内样式等操作技能。

3.任务操作详细步骤

（1）第一步：打开Dreamweaver，新建一个Html文件（图4-28）。

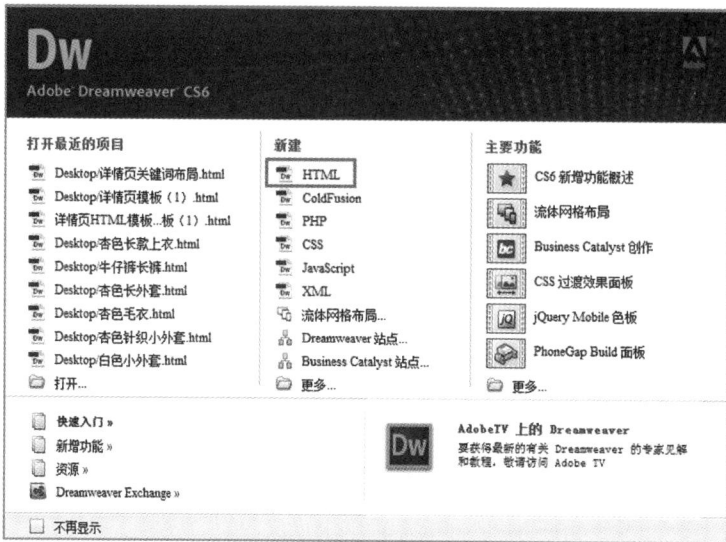

图4-28　新建Html文件

（2）第二步：调整显示窗口，点击"拆分"，窗口即一分为二，左边为纯代码的"代码"模式，右边为所见即所得的"设计"模式（图4-29）。

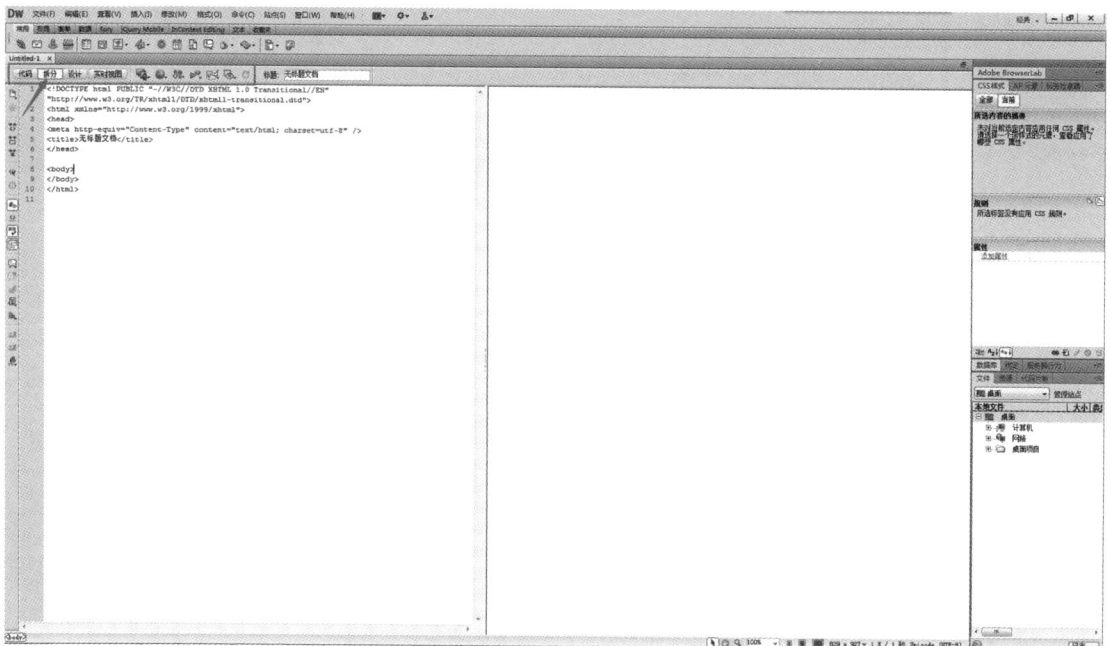

图4-29　拆分窗口

（3）第三步：选择软件界面，单击右上角界面模式选择按钮，选择"设计人员（紧凑）"界面（图4-30）。

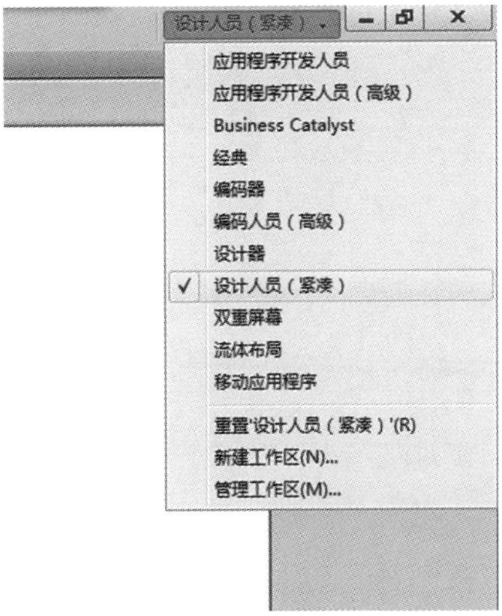

图4-30　选择软件界面

（4）第四步：在"设计"窗口，插入<div>。在右边点击"插入"—"插入div标签"，调出对话框，直接单击确定。即在文件中成功插入一个div标签。观察左边"代码"窗口，可见自动生成了<div>代码（图4-31）。

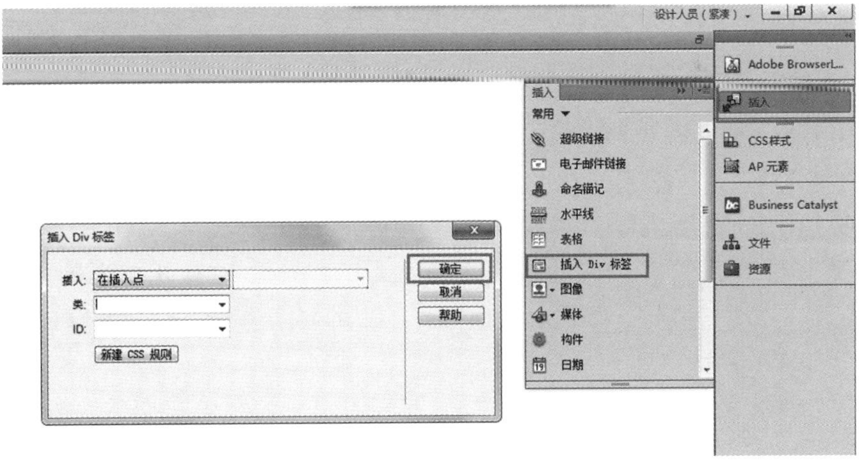

图4-31　插入div

（5）第五步：调出CSS的内联样式对话框。激活软件下方的"[图 CSS]"，"目标规则"选择"新内联样式"，单击"编辑规则"，调出"内联样式CSS规则定义"对话框（图4-32）。

（6）第六步：编辑该div的内联样式CSS规则定义。点击"方框"定义该div的大小为宽度250px，高度为539px，方式为左。其中"浮动"的设计是为了使该div可以接纳后面的div可

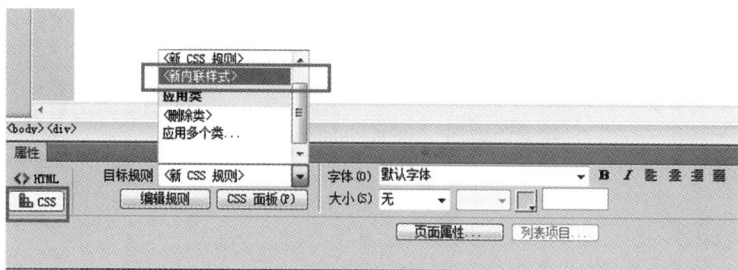

图4-32　新建内联样式

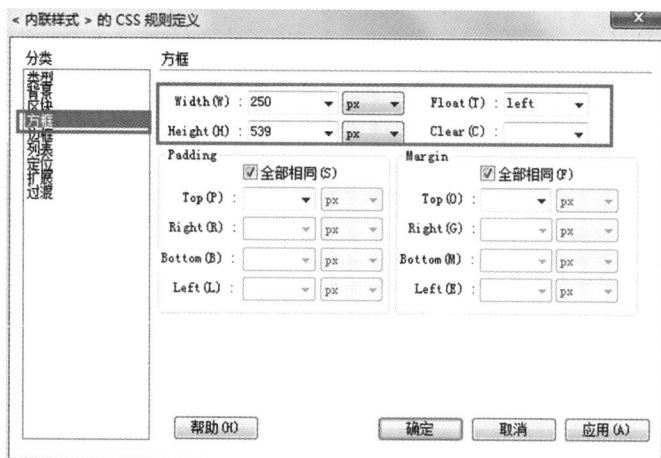

图4-33　编辑CSS规则

以和其同行并列（图4-33）。

（7）第七步：删除第一个div里的文字，在第一个div的里面，用同样的方式再插入第二个div。同样编辑该div的内联样式CSS规则定义，定义该div的大小为宽度等于外面div的宽度250px，高度为图片的高度400px（图4-34）。

（8）第八步：在第一个div的里面，再插入一个div。这次用代码的方式插入。在"代码"窗口，直接复制上一个div，更改其代码中的高度为539px-400px=139px即可（图4-35）。

（9）第九步：在第三个div里面，嵌入一个三行，每行一个单元格的表格，用来输入文字。激活第三个div，点击"插入"—"表格"，调出插入表格对话框，设置3行1列的表格，宽度为250px，无须边框（图4-36）。

（10）第十步：在第二个div中插入图片。激活第二个div，点击"插入"—"图像"，调出插入图像对话框，选择图像地址（图4-37）。

确定后，完成图像插入（图4-38）。

（11）第十一步：在表格中插入文字。分别在表格第一、第二、第三行输入："波点打底衫""85元""吊牌价：120元"（图4-39）。

（12）第十二步：调整表格字体。实现，调整表格文字对齐方式：在表格代码中，增加

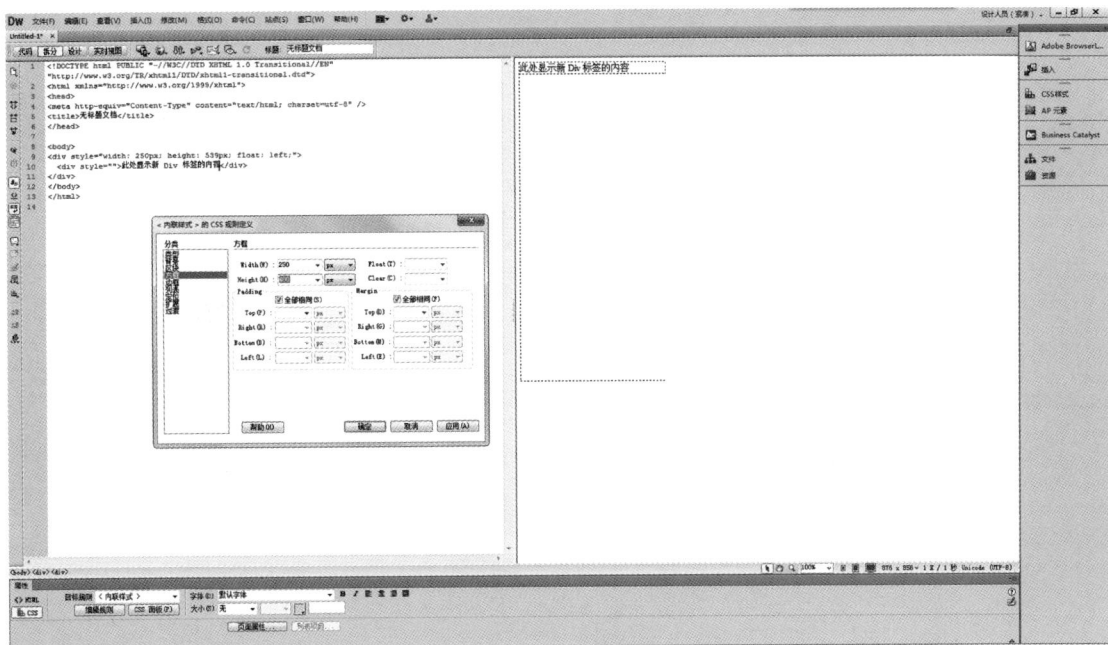

图4-34　嵌套div

图4-35　嵌套第二个div

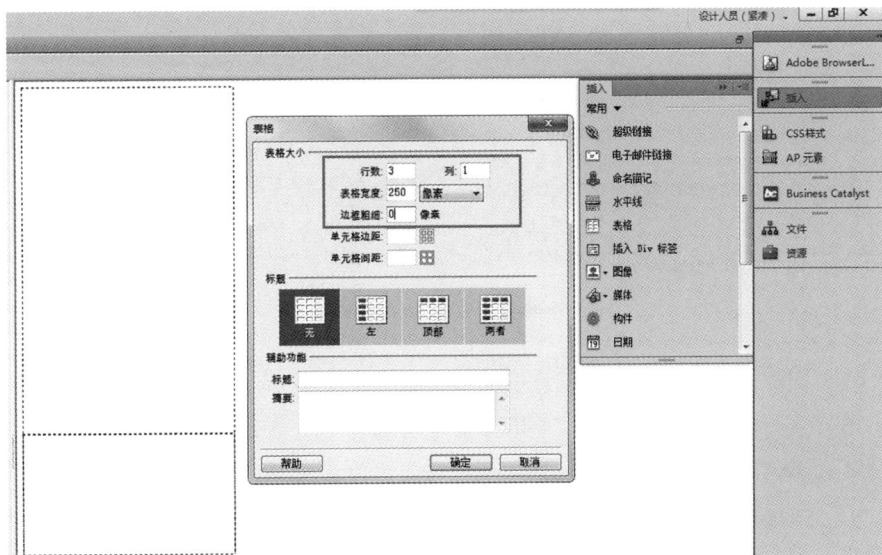

图4-36　嵌套表格

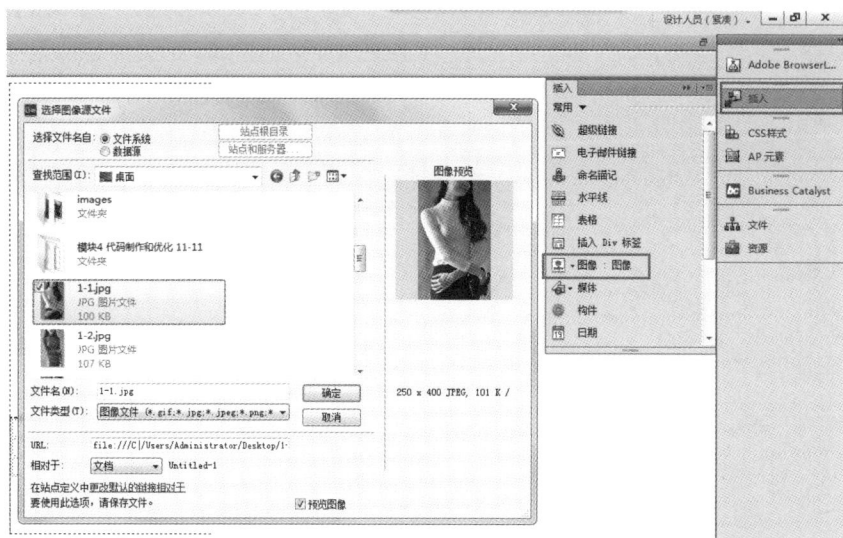

图4-37　在div中插入图片一

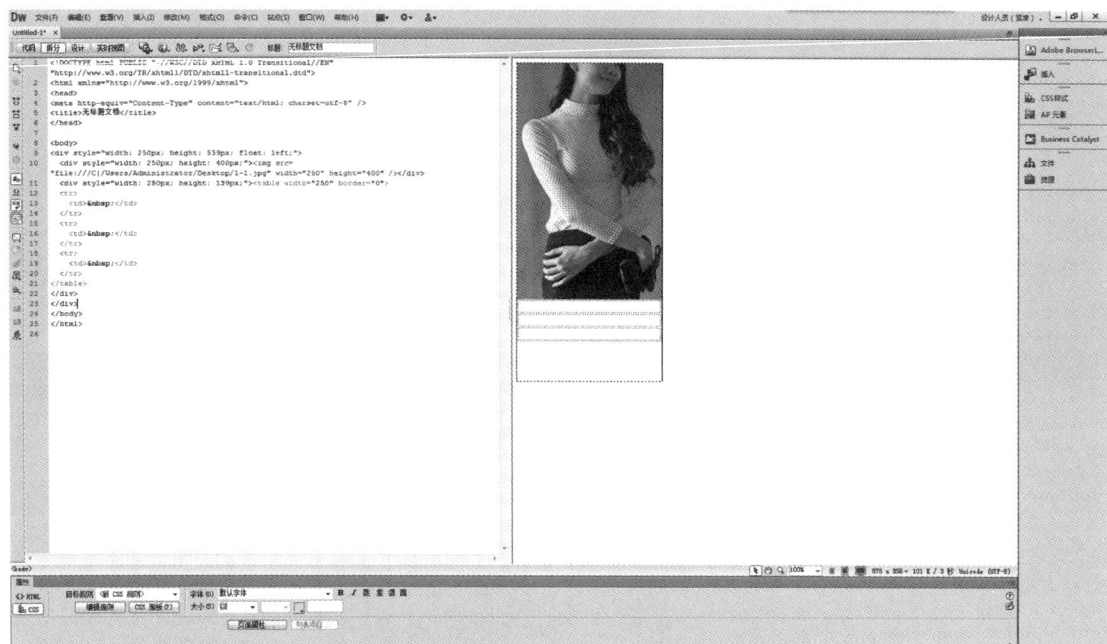

图4-38　在div中插入图片二

CSS，添加style属性，增加文字对齐属性text-align的属性值center。

留意，在Dreamweaver中，输入代码时，输入前字母即可跳出输入提示，这大大降低了代码输入难度，提高了速度和准确度（图4-40）。

（13）第十三步：更改字体。增加文字对齐属性font-family的属性值"微软雅黑"。代码：style=" text-align:center; font-family:'微软雅黑'"（图4-41）。

效果如图4-42所示。

```
<!DOCTYPE html PUBLIC "-//W3C//DTD XHTML 1.0 Transitional//EN"
"http://www.w3.org/TR/xhtml1/DTD/xhtml1-transitional.dtd">
<html xmlns="http://www.w3.org/1999/xhtml">
<head>
<meta http-equiv="Content-Type" content="text/html; charset=utf-8" />
<title>无标题文档</title>
</head>

<body>
<div style="width: 250px; height: 539px; float: left;">
  <div style="width: 250px; height: 400px;"><img src=
"file:///C|/Users/Administrator/Desktop/1-1.jpg" width="250" height="400" /></div>
  <div style="width: 250px; height: 139px;"><table width="250" border="0">
  <tr>
    <td>波点打底衫</td>
  </tr>
  <tr>
    <td>85元</td>
  </tr>
  <tr>
    <td>吊牌价: 120元</td>
  </tr>
</table>
</div>
</div>
</body>
</html>
```

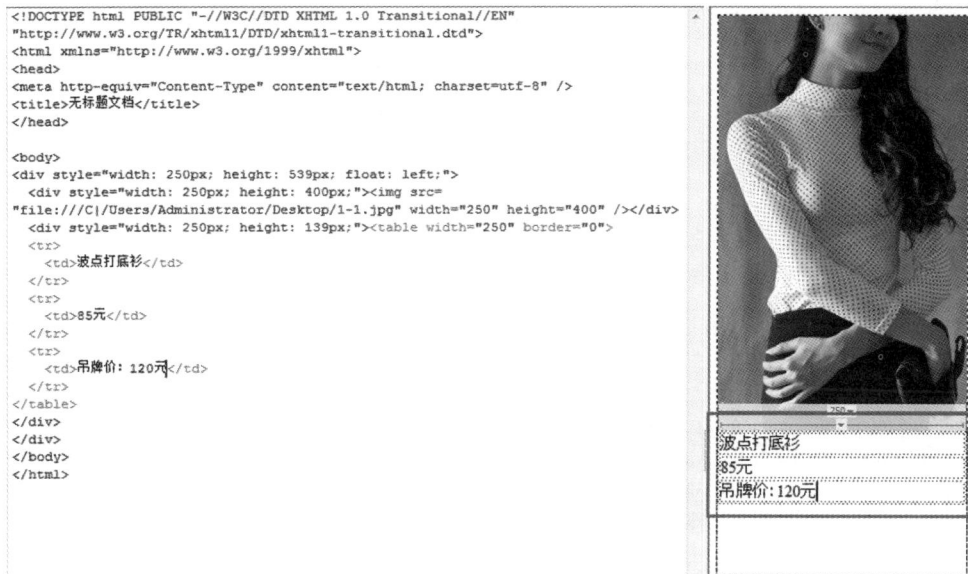

图4-39　在表格中输入文字

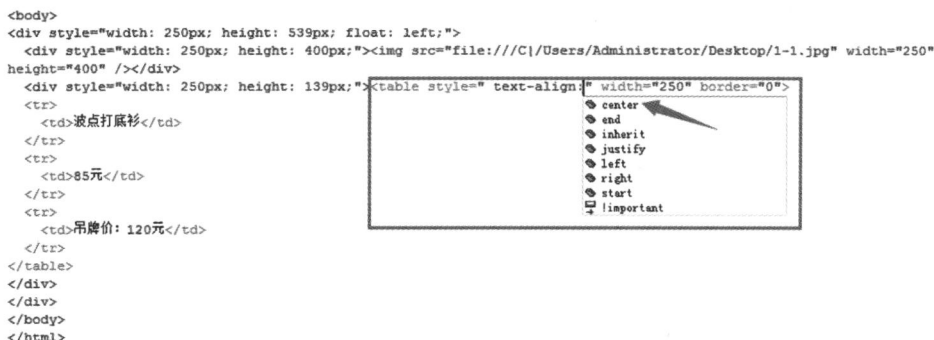

```
<body>
<div style="width: 250px; height: 539px; float: left;">
  <div style="width: 250px; height: 400px;"><img src="file:///C|/Users/Administrator/Desktop/1-1.jpg" width="250"
height="400" /></div>
  <div style="width: 250px; height: 139px;"><table style=" text-align:" width="250" border="0">
                                                            ◇ center
  <tr>                                                      ◇ end
    <td>波点打底衫</td>                                      ◇ inherit
  </tr>                                                      ◇ justify
  <tr>                                                       ◇ left
    <td>85元</td>                                            ◇ right
  </tr>                                                      ◇ start
  <tr>                                                       ⛏ !important
    <td>吊牌价: 120元</td>
  </tr>
</table>
</div>
</div>
</body>
</html>
```

图4-40　调整文字格式

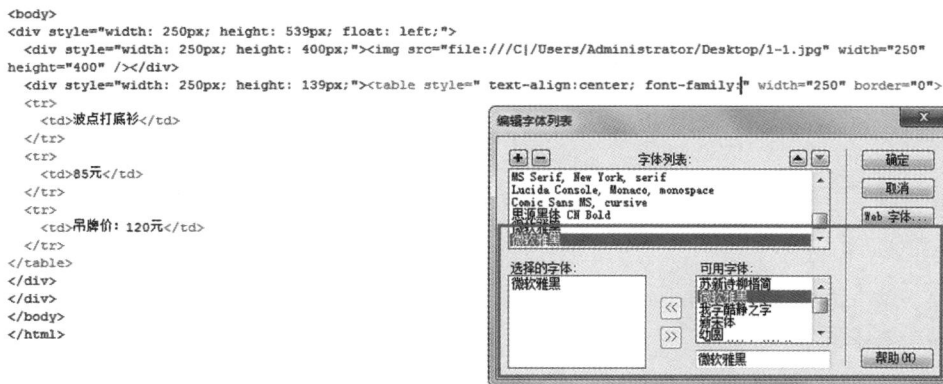

```
<body>
<div style="width: 250px; height: 539px; float: left;">
  <div style="width: 250px; height: 400px;"><img src="file:///C|/Users/Administrator/Desktop/1-1.jpg" width="250"
height="400" /></div>
  <div style="width: 250px; height: 139px;"><table style=" text-align:center; font-family:" width="250" border="0">
  <tr>
    <td>波点打底衫</td>
  </tr>
  <tr>
    <td>85元</td>
  </tr>
  <tr>
    <td>吊牌价: 120元</td>
  </tr>
</table>
</div>
</div>
</body>
</html>
```

图4-41　更改文字字体

图4-42　调整效果展示

（14）第十四步：调整文字颜色、大小。将文字"85元"字体调大3号，颜色变为红色；将文字"吊牌价：120元"字体调小1号，颜色变为灰色。代码为：

<font size="+3" color="#FF0066">85元</font>

<font color="#666666" size="-1">吊牌价：120元</font>

调整后效果如图（图4-43）。

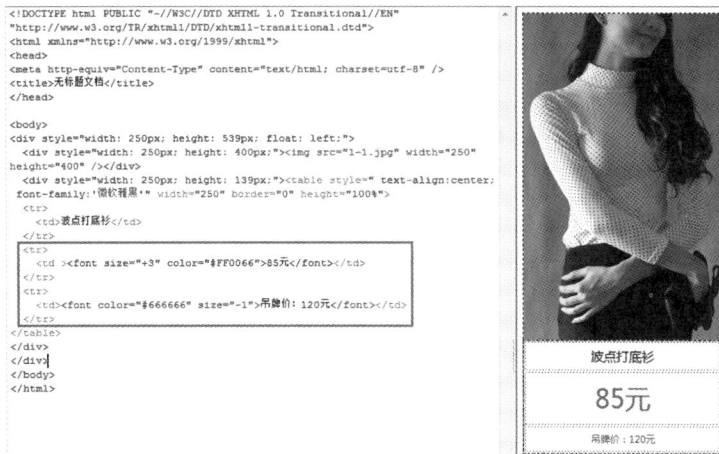

图4-43　调整文字颜色大小

（15）第十五步：复制所创建的div两个，排列好（图4-44）。

（16）第十六步：更改后两个的图片和文字，完成代码设计（图4-45）。

（17）第十七步：在浏览器中打开，检查效果（图4-46）。

在浏览器中效果如图4-47所示。

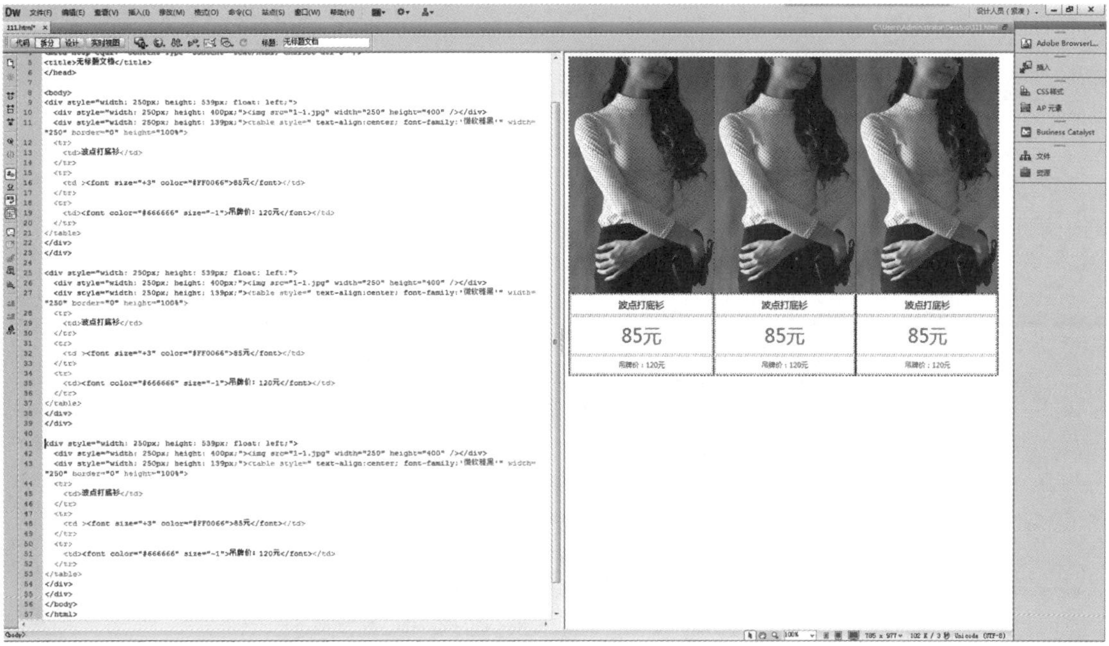

图4-44 复制div

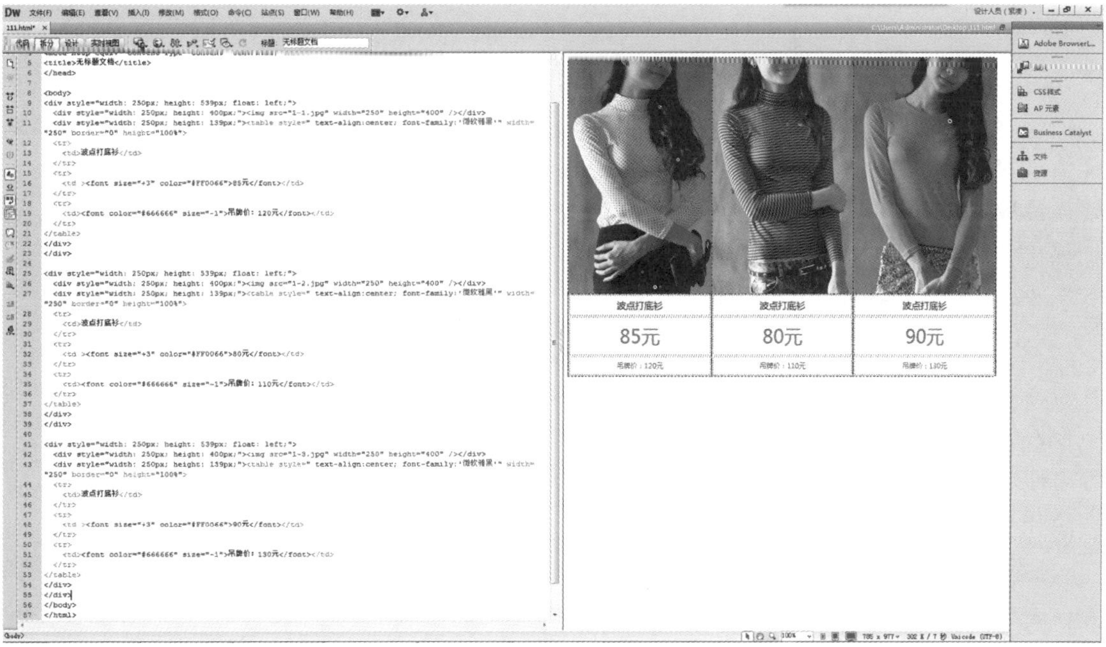

图4-45 更改复制div图片和文字

图4-46　在浏览器中查看效果一

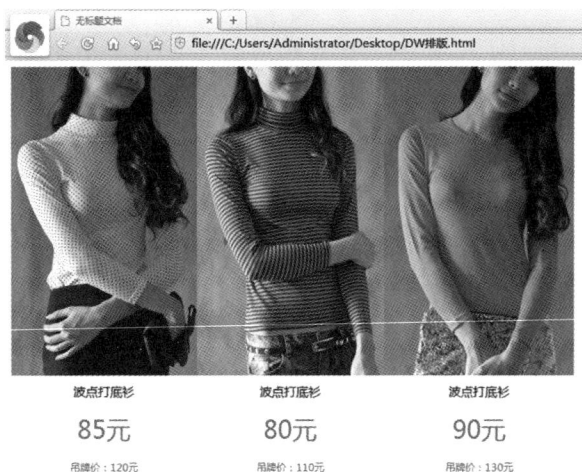

图4-47　在浏览器中查看效果二

三、使用Photoshop软件生成并优化淘宝详情页代码

在淘宝详情页设计和后续后台上传这一整套操作流程中，通常的程序为：先设计好淘宝详情页效果图，然后再对效果图进行适当的代码优化设计，以满足其图文分离、搜索优化需要，最后形成详情页代码文件，并将代码文件上传到淘宝店铺后台。下面，通过具体任务来训练这一整套流程的操作技能。

☞ **任务：淘宝详情页代码设计与上传**

1.**任务目标**

综合运用Photoshop软件和Dreamweaver软件完成淘宝详情页代码设计和优化。

2.**任务训练的核心技能**

使用Photoshop软件切图生成代码和图片、使用Dreamweaver软件优化详情页代码、淘宝后台图片上传、淘宝店铺后台代码上货。

3.**任务操作详细步骤**

（1）第一步：设计详情页效果图。根据淘宝网统一要求，先用设计好宽度750px，长度不限的宝贝详情页效果图。通常，服装类产品详情页包括诸如产品意境图、模特展示、正反面展示、面料展示、工艺展示等多模块内容，页面有一定长度。为方便示范，下面只截取详情页效果图的一部分演示（图4-48）。

图4-48 服装详情页效果图

（2）第二步：详情页切图。在上货时，如果将整张详情页效果图一次上传到店铺后台，顾客在打开网页时，由于网页图片太大，会出现加载时间长甚至加载不了的问题。所以，我们上传时，必须将长图切割为若干小图再上传。首先，应用Photoshop，打开详情页效果图，在适当位置拉参考线（图4-49）。

（3）第三步：切图。首先，鼠标右击"裁剪工具"，选择"切片工具"（图4-50）。然后，鼠标单击"基于参考线切片"，完成图片切片（图4-51）。

图4-49　设置参考线

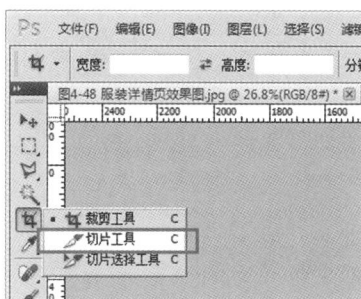

图4-50　切片工具

图4-51　基于参考线切片

（4）第四步：存储切片和代码。首先，单击"文件"—"存储为web所用格式"，跳出存储对话框，选择优化图片"品质"为80%，其他参数不变，单击"存储"（图4–52）。

在跳出来的对话框中，选择存储地址、格式选择"Html和图像"、切片选择"所有切片"，单击"保存"（图4–53）。

图4–52　存储为web所用格式

图4–53　存储切片和代码

此时，保存地址上就会出现一个Html文件和一个包含已经切好的图的Image文件夹（图4-54）。

（5）第五步：上传图片到淘宝图片空间。进入淘宝店铺后台，进入"图片空间"，点击"上传图片"，跳出上传对话框，单击"上传"（图4-55）。

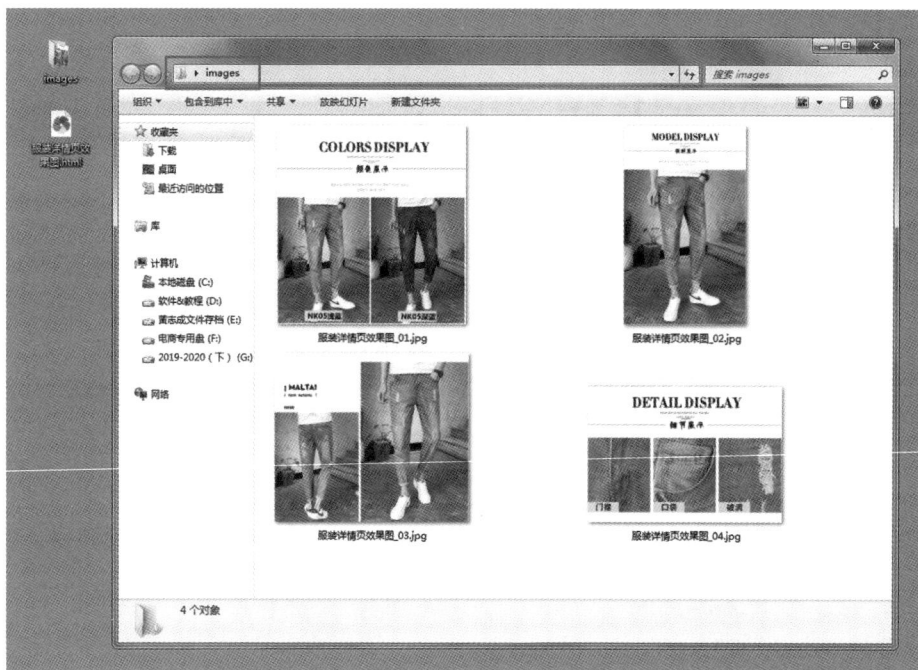

图4-54　完成存储

图4-55　图片上传

跳出上传图片选择对话框，选择先前已经切片生成的"Image"文件夹中的图片，确定上传后，完成图片上传（图4-56）。

（6）第六步：更改代码中图片本地地址为网络地址。首先，应用Dreamweaver软件，打开切图生成的Html文件（图4-57）。

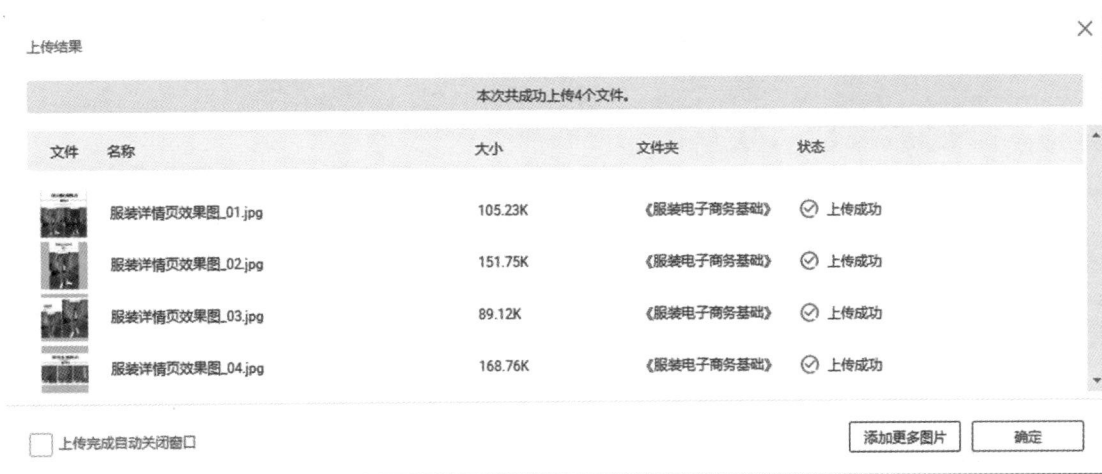

图4-56 完成图片上传

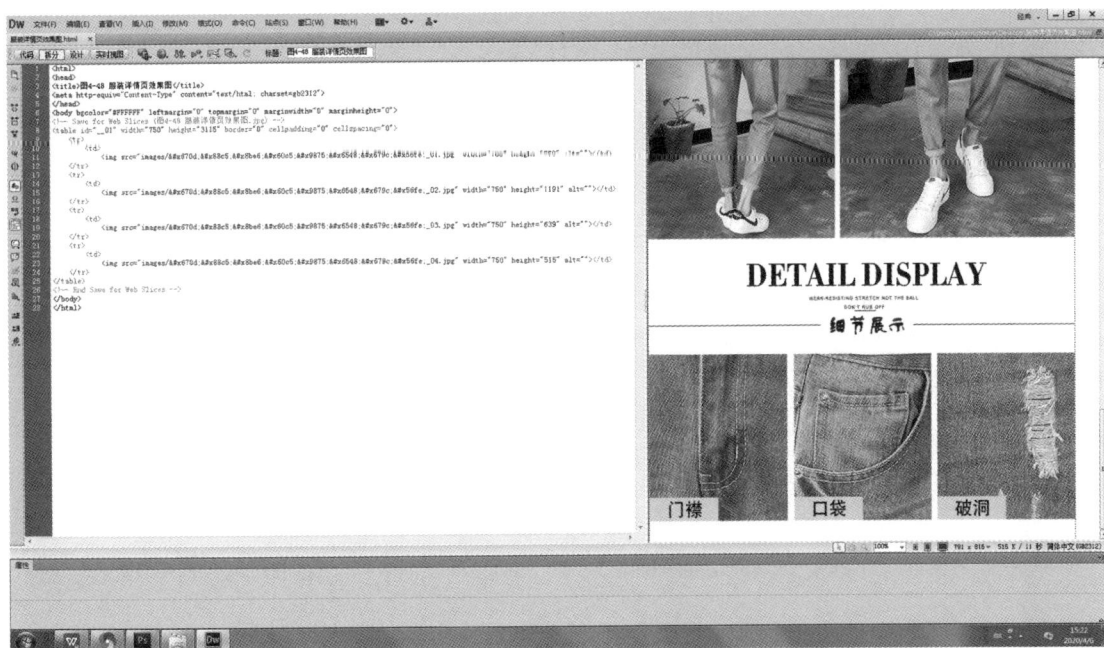

图4-57 打开Html文件

然后，打开淘宝店铺后台图片空间，找到刚才上传的图片，单击图片下面"复制链接"按钮，复制图片链接（图4-58）。

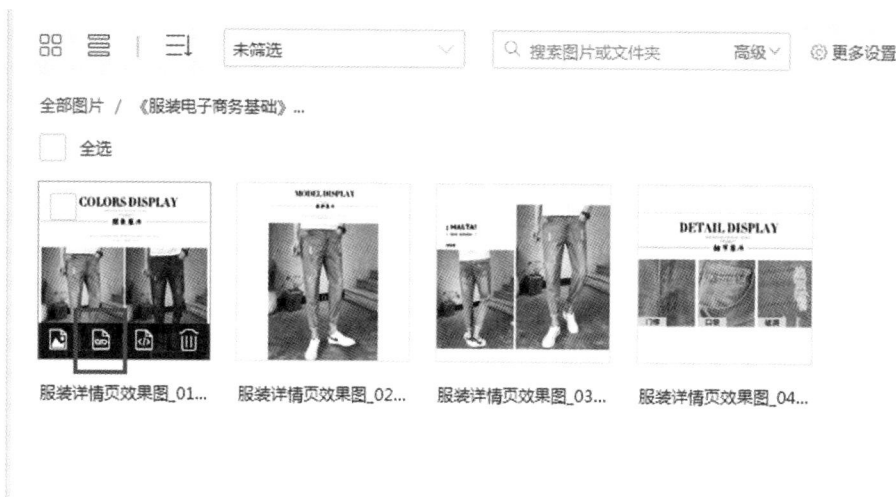

图4-58　复制图片网络链接

回到Dreamweaver，将文件中图片的本地地址替换为网络地址（图4-59）。

重复上述操作，将文件中所有图片的本地地址替换为网络地址。由于淘宝网有自己全套成熟的基本架构，所以其后台编辑器不需要基础的Html代码也能正常显示网页主体部分内容，所以，可以将Html文件中的<body>以外代码删除，只保留<table>即可（图4-60）。

图4-59　替换图片地址

图4-60　精简代码

（7）第七步：优化代码。为了增加商品搜索曝光机会，可以通过对代码<title><alt>增加关键词。例如，在本代码中的图片代码后面，添加<title>,并分别为各图片的<title><alt>添加"男牛仔裤""男铅笔裤""破洞""显瘦"等关键词（图4-61）。

（8）第八步：代码上传。复制制作和优化完成后的代码，打开淘宝后台，进入"商品发布"界面，激活详情页编辑"源码"状态，将复制好的代码粘贴到源码界面（图4-62）。

541170.jpg" width="750" height="770" alt="男牛仔裤" title="破洞">/td>

541170.jpg" width="750" height="1191" alt="男铅笔裤" title="显瘦">/td>

图4-61　代码优化

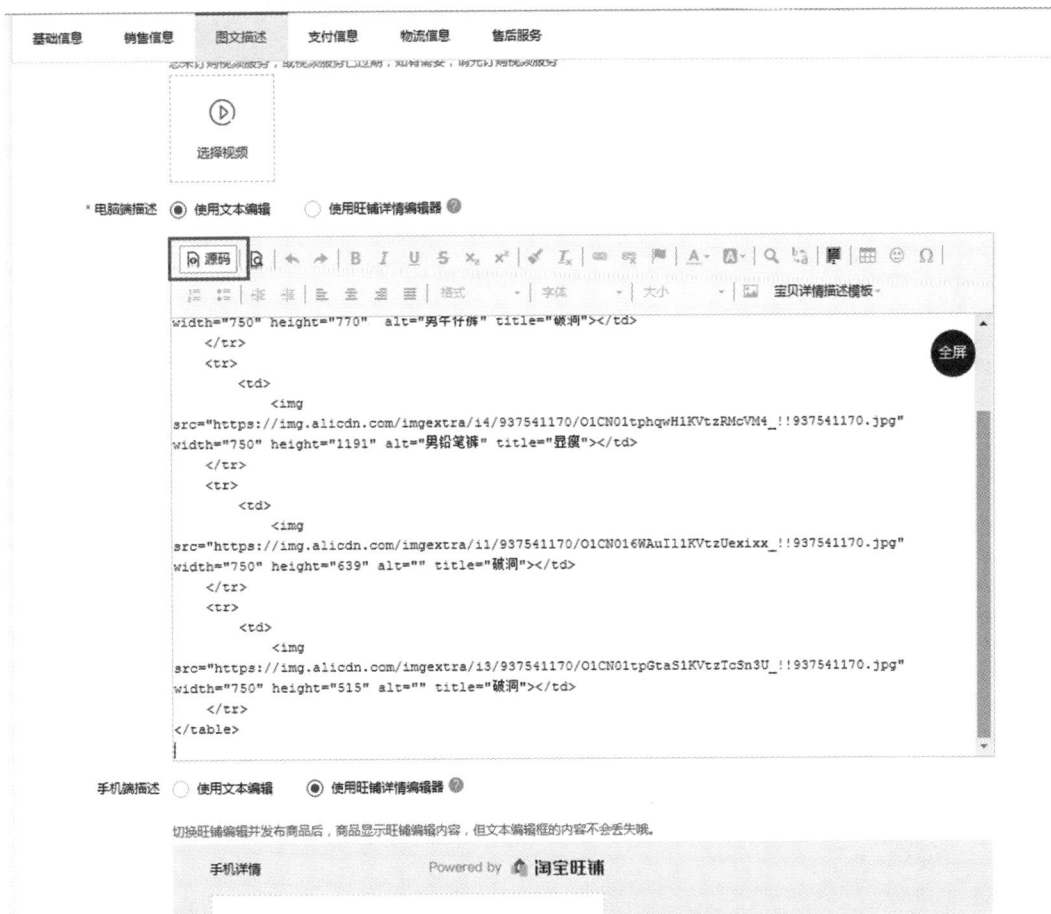

图4-62　上传代码

单击"源码"按钮，取消源码状态，回到图文状态，查看图片显示情况。然后确定，完成代码上传，结束详情页后台编辑（图4-63）。

图4-63　图文查看

模块五　服装电商数据处理和数据分析

项目一　电商数据处理和数据分析

一、数据在电商行业中的重要性

21世纪，商业已全面跨入数据时代，数据处理和数据分析对于各行各业都非常重要，在传统企业，数据是企业优胜的法宝，在电子商务领域，数据更是企业生存发展的根基。

以传统企业沃尔玛为例，该公司已经拥有两千多万亿字节数据，相当于200多个美国国会图书馆的藏书总量。这其中，有很大一部分是客户信息和消费记录。通过对这些数据的分析，沃尔玛可以掌握客户的消费习惯，并据此优化现金和库存，以获取更大的销量和利润。数据已经成为沃尔玛商业决策的重要基础。

而电商领域，数据分析则更为重要。例如,世界工厂网，通过分析用户在世界工厂网的搜索习惯及搜索记录，免费提供了产品排行榜、求购排行榜和企业排行榜。2011年5月25日，阿里巴巴宣布推出数据门户，并正式启用新域名。新推出的数据门户根据4500万中小企业用户的搜索、询单、交易等电子商务行为进行数据分析和挖掘，为中小企业以及电子商务从业人士提供综合数据服务。马云曾表示：数据将是阿里巴巴未来十年发展的战略核心。

电子商务相对于传统企业来说，特点之一就是一切业务行为都可以通过数据化来监控和改进。通过数据，电商企业可以清楚看到客户有多少、用户从哪里来、产品卖得怎样、广告效果如何等问题。在淘宝店铺，当用户在店铺上有了购买行为之后，后台会将用户的交易信息，包括购买时间、购买商品、购买数量、支付金额等信息保存在自己的数据库里，所以对于这些客户，我们可以基于店铺的运营数据对他们的交易行为进行分析，以估计每位客户的价值，及针对每位客户的扩展营销的可能性。基于数据分析的每一点改进，就是店铺产品力的提升，店铺运营和推广效果的提升。所以，电子商务的数据分析显得尤为重要。

二、数据处理和数据分析在淘宝店铺运营中的应用

一般来说，电商店铺的数据分析包括：流量分析、转化分析、店内数据流分析、用户特征分析市场分析等。其中，最重要的是流量分析和店内数据流分析，这些数据的分析结果是店铺运营和推广成果的体现，更是制订未来运营和推广策略的基础。

（一）流量分析

网店的核心是流量，低成本的流量来源是保证店铺盈利最重要的条件。流量来源分析主要是要分析用户从哪来、哪些流量有价值、店铺的流量是否均衡稳定、付费流量和自然流量的占比等。

由于搜索流量是淘宝流量最重要、最有价值的来源，所以，对流量进行分析的关键一环是关键词分析。关键词分析可有效确定和调整店铺的关键词和宝贝标题，还可以根据搜索关键词的来源分析店铺的产品分布和产品组合。

（二）转化分析

转化为购买后的流量才具有价值。所以，对流量转化的监测至关重要。实现流量变现的主要分析指标为："转化率"，即流量变现情况。没有订单转化，其他一切都是空话；跳失率，即流量进入只访问了一个页面就离开的访问次数占该入口总访问次数的比例，这是转化的反面。

（三）店内数据流分析

店内数据流分析，主要用来分析购物流程是否顺畅和产品分布是否合理，一般如下：

（1）页面流量排名：主要查看产品详情页的流量，特别是首页陈列的产品详情页。参照最终的销售比例，优胜劣汰，用以调整销售结构。

（2）场景转化分析：从首页—列表页—详情页—购物车—订单提交页—订单成功页的数据流分析。

（3）分页流量排名：各个页面流量的排名，主要用来考虑产品组织的问题。

（4）站内搜索分析：这个反映的是用户关心的产品有哪些，产品调整的最直接数据。

（5）用户离开页面分析：用户在哪些页面离开最多？是首页还是频道页？是购物车还是订单提交页？突然大比例地离开网站，往往预示这一问题的存在。

（四）用户特征分析

1.新老用户比例

老用户比例越高，证明用户忠诚度越高。但是，同时还要考虑绝对量，不能靠新用户越来越少来衬托老用户比例越来越高。

2.用户地域分析

通常用户地域与订单地域分布基本一致，基本上，互联网用户的分布比例与经济发达程度相一致。用户地域分析对于提升区域配送及服务比较有帮助。

3.用户停留时间

用户到达时间与用户离开时间的长度，一般停留时间越长店铺黏性越好。但是如果用户停留时间超过1个小时，基本就是假流量，或者用户打开网页忘记关了。

三、Excel与电商数据处理和数据分析

（一）什么是Excel

Excel是微软公司的办公软件Microsoft Office的组件之一，是由Microsoft为Windows和Apple Macintosh操作系统的计算机而编写和运行的一款计算表软件。作为微软Office家族的重要组件之一，Excel可以做的事非常多，功能也非常强大。它的基本职能是对数据进行记录、计算与分析。在实际应用中，它小到可以充当一般的计算器，或者计算个人收支情况、计算贷款或储蓄等；大到可以进行专业的科学统计运算，以及通过对大量数据的计算分析，为公司财政政策的制定，提供有效的参考。它可以进行各种数据的处理、统计分析和辅助决策操作，广

泛地应用于管理、统计财经、金融等众多领域。

在实际的行业运用中，教师、企业办公文秘人员、政府审计部门、统计部门和一般的工作人员等都会或多或少地用到Excel。大量的实际应用经验表明，如果能够熟练地使用Excel，将会大大提高我们的学习和工作效率，运用于商业管理中，直接带来的就是经济效益的提高。

（二）Excel与店铺数据处理和数据分析

在电商数据处理和数据分析的应用上，Excel有着无可比拟的适用性。在电商中，特别是在店铺运营中，我们通常可用它开展如建立店铺数据表格、管理店铺运营数据、制作店铺数据图表，开展数据分析等数据处理和数据分析工作。

Excel提供了许多张非常大的空白工作表，每张工作表由256列和65536行组成，行和列交叉处组成单元格，每一单元格可容纳32000个字符。Excel对于表格的编辑也非常方便，可任意插入和删除表格的行、列或单元格，也可方便地对数据进行字体、大小、颜色、底纹等修饰。将数据从纸上存入Excel工作表中，就能充分利用计算机自动、快速地进行处理，使数据从静态变成动态，从而使数据的处理和管理发生质的提升。

Excel中有大量的公式函数可以应用选择，使用Excel可以使用其公式和函数对数据进行复杂的运算，同时在Excel中可方便地对工作表中的数据进行检索、分类、排序、筛选等操作，从而完成各种数据的分析处理。

Excel提供了14类100多种基本的图表，包括柱形图、饼图、条形图、面积图、折线图、气泡图以及三维图。图表能直观地表示数据间的复杂关系，同一组数据用不同类型图表表示也很容易改变，图表中的各种对象，如标题、坐标轴、网络线、图例、数据标志、背景等能任意进行编辑，利用图表向导可方便、灵活地完成图表的制作。

项目二 服装电商数据处理基础

服装电商的基础数据处理主要应用在运用Excel的基础制表功能和基础数据计算功能，对服装电商数据进行归纳整理，从而制作清晰明了的数据表格，为电商运营提供数据支撑。下面，我们就以具体任务来训练这一技能操作。

☞ 任务：制作库存服装统计表

1.任务目标

运用Excel制作服装库存统计表，并进行简单的数据分析。统计表效果如图5-1所示。

2.任务训练的核心技能

Excel文件操作、Excel数据簿操作、行列操作、数据输入、单元格格式、单元格填充、数据有效性、简单公式、简单函数、数据排序和筛选等。

3.任务操作详细步骤

（1）第一步：新建"库存服装统计表"Excel文件。在桌面单击鼠标右键，选择"新建

序号	性别	品类	品名	款号	颜色	码号	数量	吊牌价	总价
1	女	连衣裙	亚麻印花长袖连衣裙	201901001	白	S	47	98	4606
2	女	连衣裙	亚麻印花长袖连衣裙	201901001	灰	M	150	98	14700
3	女	连衣裙	抽褶吊带连衣裙	201901002	红	S	19	79	1501
4	女	连衣裙	抽褶吊带连衣裙	201901002	红	M	19	79	1501
5	女	连衣裙	领结格纹粗花呢连衣裙	201901009	红	M	128	188	24064
6	女	牛仔裤	经典五袋直筒牛仔裤	201904002	蓝	L	14	218	3052
7	女	牛仔裤	经典五袋直筒牛仔裤	201904002	蓝	M	11	218	2398
8	女	牛仔裤	修身弹力加绒女士铅笔裤	201904020	蓝	S	78	198	15444
10	男	牛仔裤	摇滚棉质混纺紧身牛仔裤	201904003	黑	L	47	260	12220
11	男	牛仔裤	摇滚棉质混纺紧身牛仔裤	201904003	黑	M	55	260	14300
12	男	牛仔裤	弹力英伦修身牛仔裤	201904005	蓝	L	46	258	11868
13	男	牛仔裤	破洞修身直筒男士牛仔裤	201904005	灰	S	19	318	6042
14	男	衬衫	法兰绒长袖衬衫	201907006	白	M	59	88	5192
15	男	衬衫	法兰绒长袖衬衫	201907006	白	L	28	88	2464
16	女	衬衫	飘带装饰七分袖雪纺衬衫	201907017	肉色	L	39	99	3861
17	女	衬衫	飘带装饰七分袖雪纺衬衫	201907017	青	L	39	99	3861
18	女	衬衫	花呢钉珠雪纺上衣衬衫	201907008	浅紫	M	48	108	5184
19	女	衬衫	花呢钉珠雪纺上衣衬衫	201907008	浅紫	L	48	108	5184
20	男	衬衫	全棉宽松长袖衬衫	201907011	白	S	54	388	20952
21	男	衬衫	全棉宽松长袖衬衫	201907011	白	L	12	388	4656
22	男	衬衫	商务休闲牛津纺男衬衣	201907004	灰	S	85	468	39780
23	男	衬衫	商务休闲牛津纺男衬衣	201907004	白	M	83	468	38844
合计							1128		241674

图5-1　库存服装统计表示意图

Excel工作表"，重命名文件为"库存服装统计表"，用"Excel 2013"打开，进入"Excel 2013"操作界面（图5-2）。

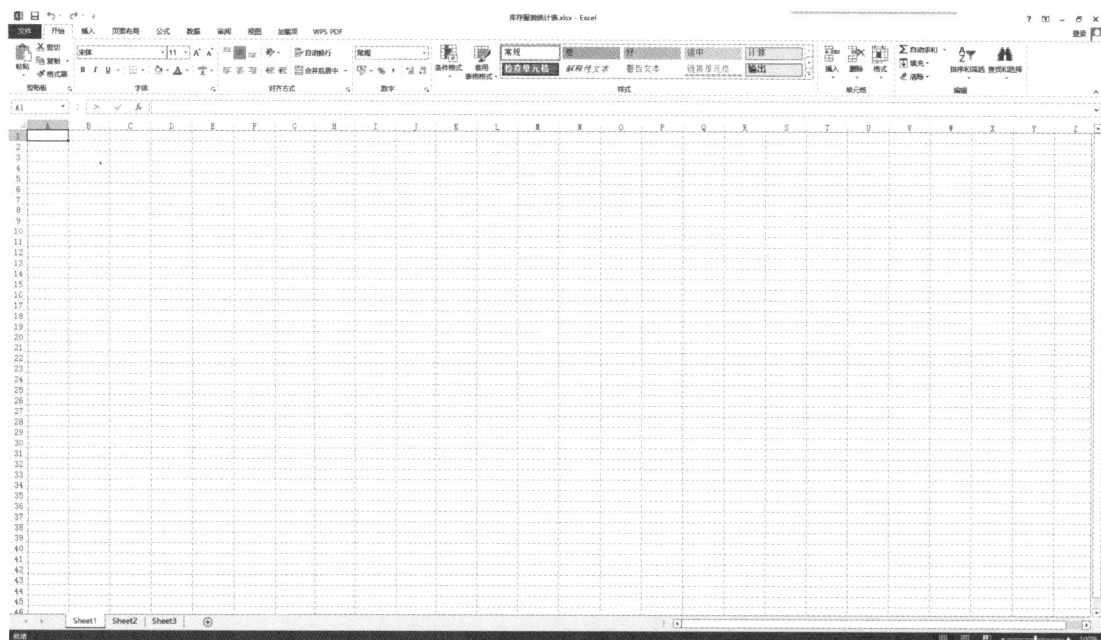

图5-2　Excel 2013操作界面

（2）第二步：更改工作表名称。双击左下角工作表名称"Sheet1"，激活后更改名称为"库存服装统计表"（图 5-3）。一个Excel文件即是一个工作簿，我们可以将它想象成是一个工作夹，在这个工作夹里面有许多工作纸，这些工作纸就是工作表。

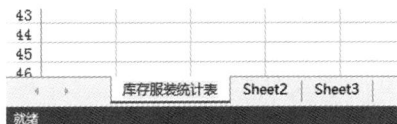

图5-3　更改工作表名称

（3）第三步：输入表头数据。单击工作表中第二行第一个方格，开始输入"序号"，然后依次输入该行其他单元格文字（图 5-4）。工作表内的方格称为"单元格"，我们所输入的资料便是排放在一个个的单元格中。在工作表的上面有每一栏的"列标题"（A、B、C…）,左边则有各列的行标题（1、2、3…），将列标题和行标题组合起来，就是单元格的"位址"。例如，输入"序号"的单元格位于第A列第二行，其位址便是A2。单元格大致可定义为两类：一类为可计算的数字资料（包括日期、时间），另一类为不可计算的文本。现在输入的这行就是"文本"。在单元格中，"文本"默认靠左排列，"数字"默认靠右排列。

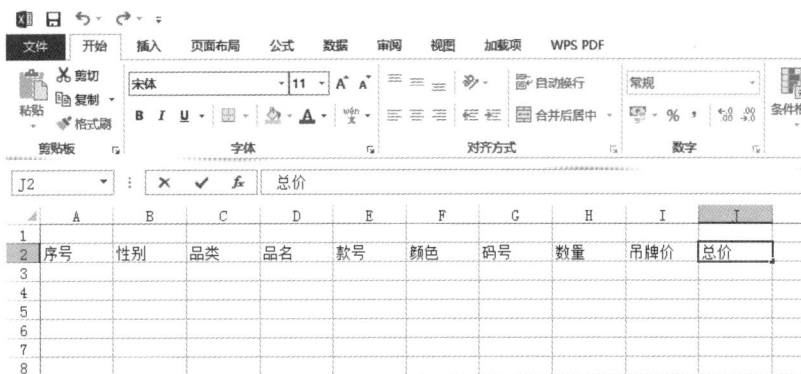

图5-4　输入表头数据

（4）第四步：输入"序号"列数字。先在A3单元格中输入数字1，再将鼠标放在A3单元格右下方，当鼠标变成"抠图"光标时，往下拉，即可复制。然后单击"自动填充选项"按钮，调出填充选项，勾选"填充序列"，即可以序列方式填充（图5-5）。

（5）第五步：输入"性别"列数据。因为性别只有男和女这两个字段，所有可以运用Excel 2013的"数据验证"（数据有效性）来快速输入。选择B3—B25，单击"数据"—"数据验证"—"数据验证"选项，跳出数据验证对话框，激活"设置"项，在"允许"项中选择"序列"，在"来源"框中输入"男，女"，单击确定（图5-6）。

现在单击B3单元格时，单元格出现选择下拉框，在下拉框中选择自己对应性别就可以完成输入（图 5-7）。

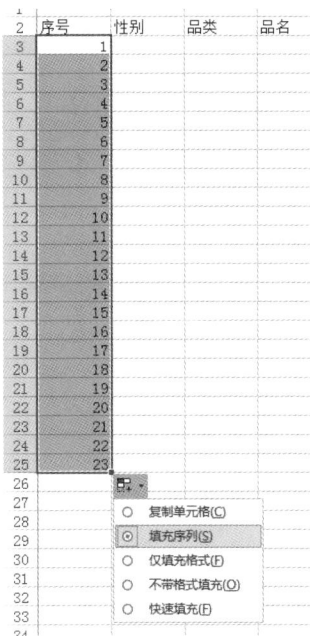

图5-5 输入"序号"列数据

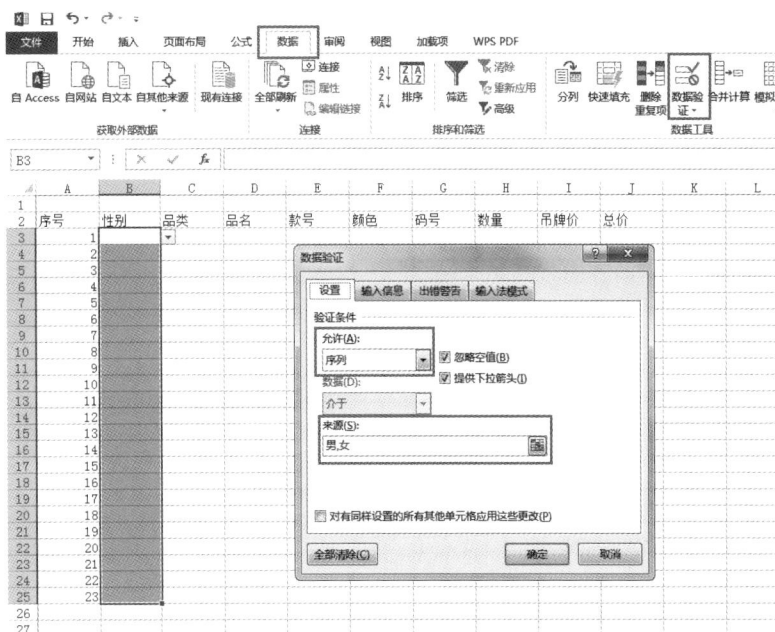

图5-6 输入"性别"

图5-7 下拉框数据输入

（6）第六步：同样，使用"数据验证"设定"品类"列的关键词，并在"品名"列第一单元格输入"亚麻印花长袖连衣裙"，将鼠标放在"品名"和"款号"列之间，当鼠标变为双向拖动标后，拖动调整"品名"列的宽度，使该列文字能完整显示（图5-8）。

图5-8　调整列宽

（7）第七步：输入"款号"数字。"款号"由一串数字构成，默认情况下Excel会将长串数字自动以科学计数法显示。所以输入时，需要先设置"款号"列单元格为"文本"。选择该列，单击右键，调出"设置单元格格式"对话框，在"数字"选框中选择"文本"（图5-9）。

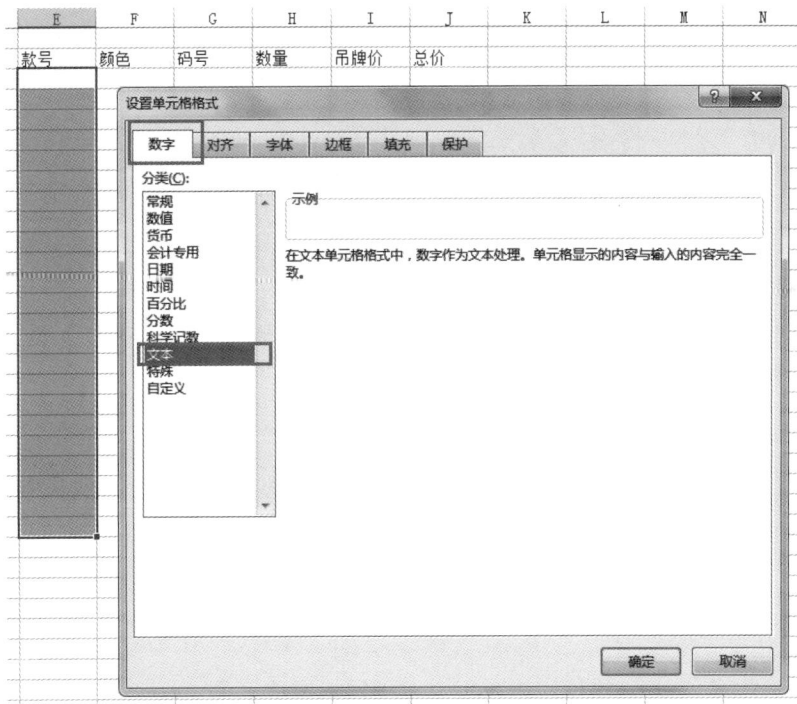

图5-9　设置单元格格式

输入"款号"列中E3单元格时，文字显示正常，并和文本一样靠左排列，并且单元格左上角有蓝色小三角的文本标识（图5-10）。

（8）第八步：输入"颜色""码号"列数据。同样，使用"数据验证"设定"码号"列的关键词，再直接选择即可输入（图5-11）。

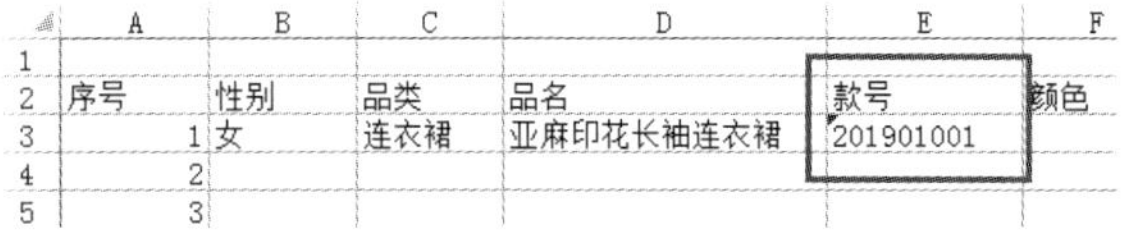

图5-10 输入文本数字

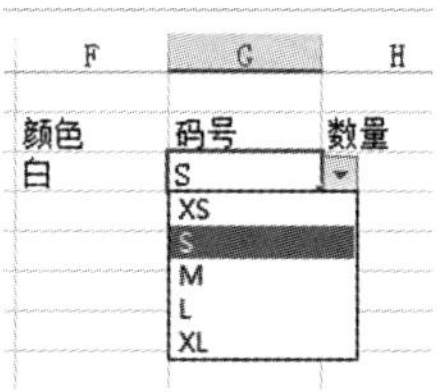

图5-11 输入码号

（9）第九步：输入"数量"和"吊牌价"列的数字。直接输入数据，可发现，数字靠右排列（图5-12）。

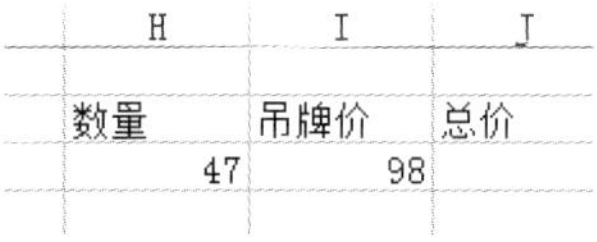

图5-12 输入数值

（10）第十步：用公式计算得出"总价"列的值。Excel的公式可以快速为我们开展工作表中的数字数据的加、减、乘、除等运算，而且当数据有变动时，公式计算的结果会相应更新。输入公式必须以等号"="起首。在J3列中，输入"=H3*I3",再按回车键，即完成自动运算并自动填充运算结果值（图5-13）。

图5-13 输入公式

复制公式。将鼠标放在A3单元格右下方，当鼠标变成"+"光标时，往下拉，即可复制公式。当后面填充相应单元格数值后，公式将完成自动计算（图5-14）。

（11）第十一步：完成表格其他数据的输入（图5-15）。

（12）第十二步：应用函数计算得出"合计"的值。选择H25单元格，选择"公式"菜单的"求和"函数，核对求和区间无误后按"Enter"确认，即完成求和运算（图5-16）。同样方法完成"总价"的求和。

（13）第十三步：输入表格标题。在A1单元格输入表格标题"库存服装统计表"，单击

序号	性别	品类	品名	款号	颜色	码号	数量	吊牌价	总价
1	女	连衣裙	亚麻印花长袖连衣裙	201901001	白	S	47	98	4606
2	女	连衣裙	亚麻印花长袖连衣裙	201901002	灰	M	150	98	14700
3									0
4									0
5									0
6									0
7									0
8									0
9									0
10									0
11									0
12									0
13									0
14									0
15									0
16									0
17									0
18									0
19									0
20									0
21									0
22									0
23									0

图5-14　复制公式

	A	B	C	D	E	F	G	H	I	J
1										
2	序号	性别	品类	品名	款号	颜色	码号	数量	吊牌价	总价
3	1	女	连衣裙	亚麻印花长袖连衣裙	201901001	白	S	47	98	4606
4	2	女	连衣裙	亚麻印花长袖连衣裙	201901001	灰	M	150	98	14700
5	3	女	连衣裙	抽褶吊带连衣裙	201901002	红	S	19	79	1501
6	4	女	连衣裙	抽褶吊带连衣裙	201901002	红	M	19	79	1501
7	5	女	连衣裙	领结格纹粗花呢连衣裙	201901009	红	M	128	188	24064
8	6	女	牛仔裤	经典五袋直筒牛仔裤	201904002	蓝	L	14	218	3052
9	7	女	牛仔裤	经典五袋直筒牛仔裤	201904002	蓝	M	11	218	2398
10	8	女	牛仔裤	修身弹力加绒女士铅笔裤	201904020	蓝	S	78	198	15444
11	10	男	牛仔裤	摇滚棉质混纺紧身牛仔裤	201904003	黑	L	47	260	12220
12	11	男	牛仔裤	摇滚棉质混纺紧身牛仔裤	201904003	黑	M	55	260	14300
13	12	男	牛仔裤	弹力英伦修身牛仔裤	201904005	蓝	L	46	258	11868
14	13	男	牛仔裤	破洞修身直筒男士牛仔裤	201904005	灰	S	19	318	6042
15	14	男	衬衫	法兰绒长袖衬衫	201907006	白	S	59	88	5192
16	15	男	衬衫	法兰绒长袖衬衫	201907006	白	L	28	88	2464
17	16	女	衬衫	飘带装饰七分袖雪纺衬衫	201907017	肉色	S	39	99	3861
18	17	女	衬衫	飘带装饰七分袖雪纺衬衫	201907017	青	L	39	99	3861
19	18	女	衬衫	花呢钉珠雪纺上衣衬衫	201907008	浅紫	M	48	108	5184
20	19	女	衬衫	花呢钉珠雪纺上衣衬衫	201907008	浅紫	L	48	108	5184
21	20	男	衬衫	全棉宽松长袖衬衫	201907011	白	S	54	388	20952
22	21	男	衬衫	全棉宽松长袖衬衫	201907011	白	L	12	388	4656
23	22	男	衬衫	商务休闲牛津纺男衬衣	201907004	灰	S	85	468	39780
24	23	男	衬衫	商务休闲牛津纺男衬衣	201907004	白	M	83	468	38844

图5-15　完成数据输入

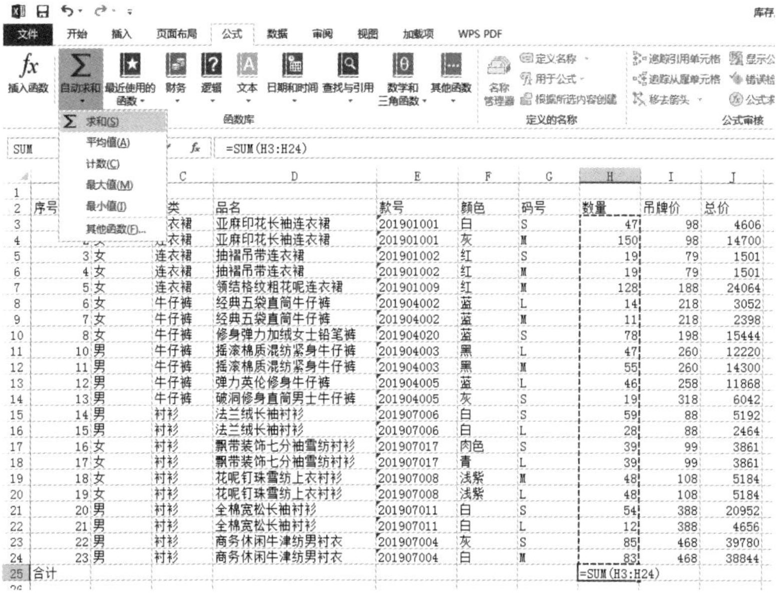

	A	B	C	D	E	F	G	H	I	J
1										
2	序号		类	品名	款号	颜色	码号	数量	吊牌价	总价
3			衣裙	亚麻印花长袖连衣裙	201901001	白	S	47	98	4606
4			衣裙	亚麻印花长袖连衣裙	201901001	灰	M	150	98	14700
5	3	女	连衣裙	抽褶吊带连衣裙	201901002	红	S	19	79	1501
6	4	女	连衣裙	抽褶吊带连衣裙	201901002	红	M	19	79	1501
7	5	女	连衣裙	领结格纹粗花呢连衣裙	201901009	红	M	128	188	24064
8	6	女	牛仔裤	经典五袋直筒牛仔裤	201904002	蓝	L	14	218	3052
9	7	女	牛仔裤	经典五袋直筒牛仔裤	201904002	蓝	M	11	218	2398
10	8	女	牛仔裤	修身弹力加绒女士铅笔裤	201904020	蓝	S	78	198	15444
11	10	男	牛仔裤	摇滚棉质混纺紧身牛仔裤	201904003	黑	L	47	260	12220
12	11	男	牛仔裤	摇滚棉质混纺紧身牛仔裤	201904003	黑	M	55	260	14300
13	12	男	牛仔裤	弹力英伦修身牛仔裤	201904005	蓝	L	46	258	11868
14	13	男	牛仔裤	破洞修身直筒男士牛仔裤	201904005	灰	S	19	318	6042
15	14	男	衬衫	法兰绒长袖衬衫	201907006	白	S	59	88	5192
16	15	男	衬衫	法兰绒长袖衬衫	201907006	白	L	28	88	2464
17	16	女	衬衫	飘带装饰七分袖雪纺衬衫	201907017	肉色	S	39	99	3861
18	17	女	衬衫	飘带装饰七分袖雪纺衬衫	201907017	青	L	39	99	3861
19	18	女	衬衫	花呢钉珠雪纺上衣衬衫	201907008	浅紫	M	48	108	5184
20	19	女	衬衫	花呢钉珠雪纺上衣衬衫	201907008	浅紫	L	48	108	5184
21	20	男	衬衫	全棉宽松长袖衬衫	201907011	白	S	54	388	20952
22	21	男	衬衫	全棉宽松长袖衬衫	201907011	白	L	12	388	4656
23	22	男	衬衫	商务休闲牛津纺男衬衣	201907004	灰	S	85	468	39780
24	23	男	衬衫	商务休闲牛津纺男衬衣	201907004	白	M	83	468	38844
25	合计							=SUM(H3:H24)		

图5-16　输入函数

菜单"开始"—"合并后居中",完成表格标题输入（图5-17）。

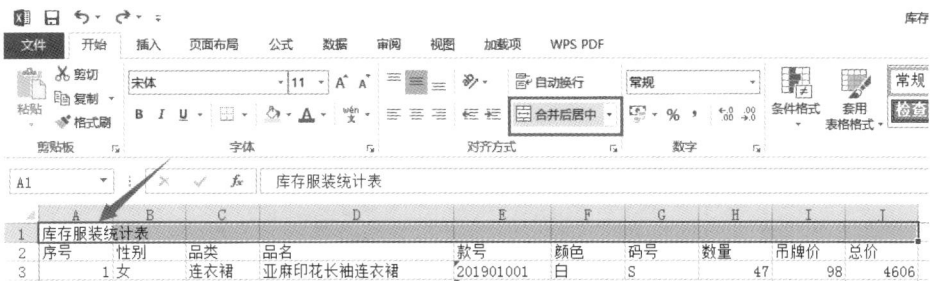

图5-17　输入表格标题

注意：如果表格作为源数据或表格需要对数据开展多重分析处理，表格最好不要进行单元格合并处理。

（14）第十四步：为表格添加线条。框选整个表格，单击菜单"开始"—"边框"，选择"所有框线"，为表格增加边框（图5-18）。

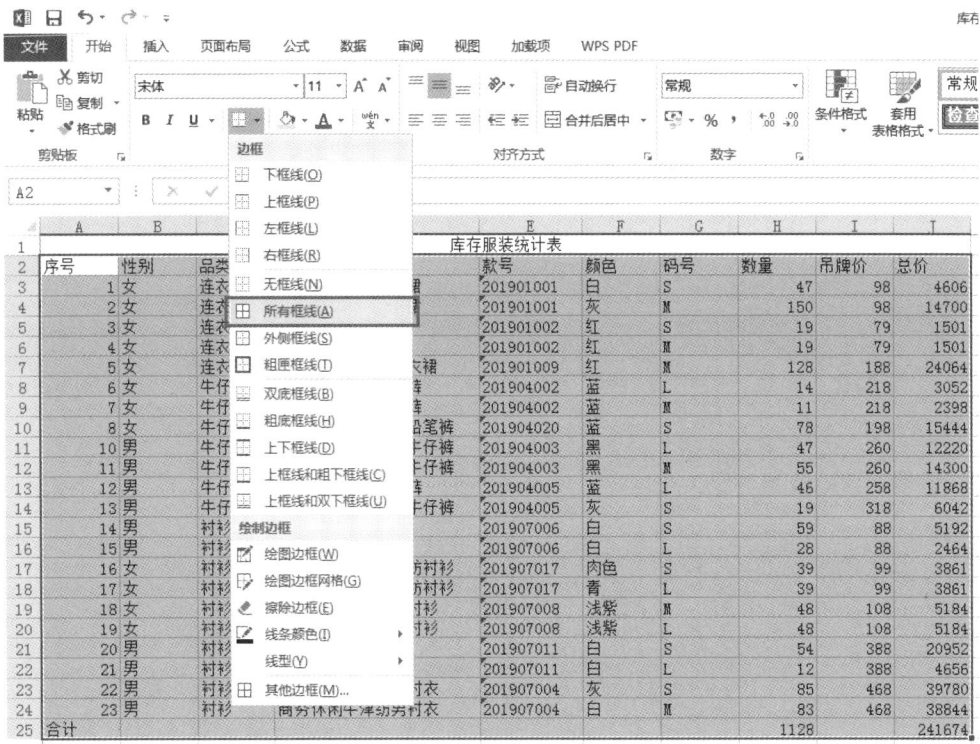

图5-18　增加边框

（15）第十五步：调整表格行高和列宽。将鼠标放在两行之间，当鼠标变成双向拖动标后，拖动即可调整行的高度；同时选择多行，单击鼠标右键，选择"行高"，即可同时定义多行的行高（图5-19）。

序号	性别	品类	品名	款号	颜色	码号	数量	吊牌价	总价
			印花长袖连衣裙	201901001	白	S	47	98	4606
			印花长袖连衣裙	201901001	灰	M	150	98	14700
			带连衣裙	201901002	红	S	19	79	1501
			抽褶吊带连衣裙	201901002	红	S	19	79	1501
			领结格纹粗花呢连衣裙	201901009	红	M	128	188	24064
			经典五袋直筒牛仔裤	201904002	蓝	L	14	218	3052
			经典五袋直筒牛仔裤	201904002	蓝	L	11	218	2398
			修身弹力加绒女士铅笔裤	201904020	黑	M	78	198	15444
			摇滚棉质混纺紧身牛仔裤	201904003	黑	L	47	260	12220
			摇滚棉质混纺紧身牛仔裤	201904003	黑	M	55	260	14300
			弹力英伦修身牛仔裤	201904005	蓝	L	46	260	11868
			破洞修身直筒男士牛仔裤	201904005		S	19	318	6042
		衫	法兰绒长袖衬衫	201907006	白	S	59	88	5192
		衫	法兰绒长袖衬衫	201907006	白		28	88	2464
		衫	飘带装饰七分袖雪纺衬衫	201907017	肉色	L	39	99	3861
		衫	飘带装饰七分袖雪纺衬衫	201907017	青	L	39	99	3861
		衫	花呢钉珠雪纺上衣衬衫	201907008	浅紫	M	48	108	5184
		衫	花呢钉珠雪纺上衣衬衫	201907008	浅紫		48		5184
		衫	全棉宽松长袖衬衫	201907011	白		54	388	20952
		衫	全棉宽松长袖衬衫	201907011	白	L	12	388	4656
22	男	衬衫	商务休闲牛津纺男衬衣	201907004	灰	S	85	468	39780
23	男	衬衫	商务休闲牛津纺男衬衣	201907004	白	M	83	468	38844
合计							1128		241674

图5-19　设置行高

同样，将鼠标放在两列之间，当鼠标变成双向拖动标后，拖动即可调整列的宽度；同时选择多列，单击鼠标右键，选择"列宽"，即可同时定义多列的列宽（图5-20）。

序号	性别	品类	品名	款号	颜色	码号	数量	吊牌价	总价
1	女	连衣裙	亚麻印花长袖连衣裙	201901001	白		47	98	4606
2	女	连衣裙	亚麻印花长袖连衣裙	201901001	灰		150	98	14700
3	女	连衣裙	抽褶吊带连衣裙	201901002	红		19	79	1501
4	女	连衣裙	抽褶吊带连衣裙	201901002	红		19	79	1501
5	女	连衣裙	领结格纹粗花呢连衣裙	201901009	红		128	188	24064
6	女	牛仔裤	经典五袋直筒牛仔裤	201904002	蓝		14	218	3052
7	女	牛仔裤	经典五袋直筒牛仔裤	201904002	蓝		11	218	2398
8	女	牛仔裤	修身弹力加绒女士铅笔裤	201904020	黑		78	198	15444
10	男	牛仔裤	摇滚棉质混纺紧身牛仔裤	201904003	黑		47	260	12220
11	男	牛仔裤	摇滚棉质混纺紧身牛仔裤	201904003	黑		55	260	14300
12	男	牛仔裤	弹力英伦修身牛仔裤	201904005	蓝	L	46	258	11868
13	男	牛仔裤	破洞修身直筒男士牛仔裤	201904005	灰	S	19	318	6042
14	男	衬衫	法兰绒长袖衬衫	201907006	白	S	59	88	5192
15	男	衬衫	法兰绒长袖衬衫	201907006	白	L	28	88	2464
16	女	衬衫	飘带装饰七分袖雪纺衬衫	201907017	肉色	L	39	99	3861
17	女	衬衫	飘带装饰七分袖雪纺衬衫	201907017	青		39	99	3861
18	女	衬衫	花呢钉珠雪纺上衣衬衫	201907008	浅紫	M	48	108	5184
19	女	衬衫	花呢钉珠雪纺上衣衬衫	201907008	浅紫	L	48	108	5184
20	男	衬衫	全棉宽松长袖衬衫	201907011	白	S	54	388	20952
21	男	衬衫	全棉宽松长袖衬衫	201907011	白	L	12	388	4656
22	男	衬衫	商务休闲牛津纺男衬衣	201907004	灰	S	85	468	39780
23	男	衬衫	商务休闲牛津纺男衬衣	201907004	白	M	83	468	38844
合计							1128		241674

图5-20　设置列宽

（16）第十六步：调整单元格底纹。框选表格第一行和最后一行，单击右键，选择"设置单元格格式"（图5-21）。

图5-21　设置底纹

单击，跳出"设置单元格格式"对话框，选择"填充"，在背景色中，选择一种颜色填充（图5-22）。

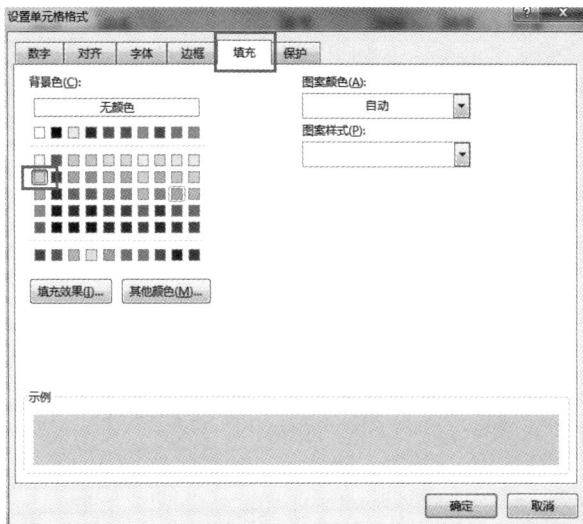

图5-22　颜色填充单元格

（17）第十七步：完成表格制作（图5-23）。

（18）第十八步：通过数据"筛选"，实现数据分类分析。例如，想查看库存服装中

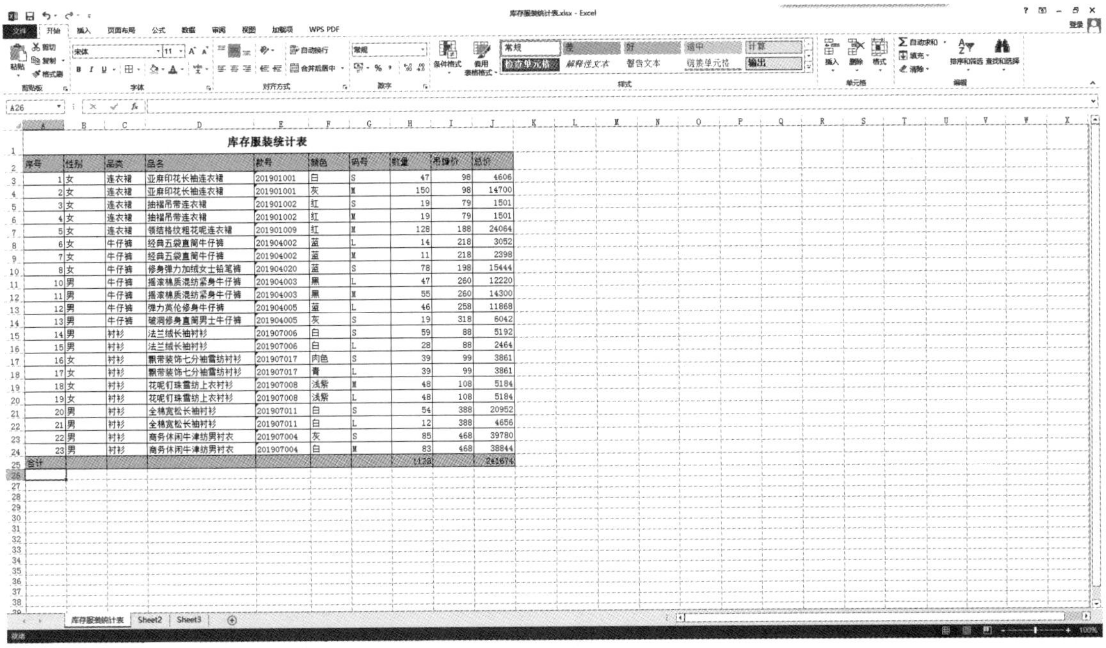

图5-23 完成制表

的男装数据，可如下操作：选择"性别"列，单击"数据"，选择"筛选"，只勾选"男"
（图 5-24）。

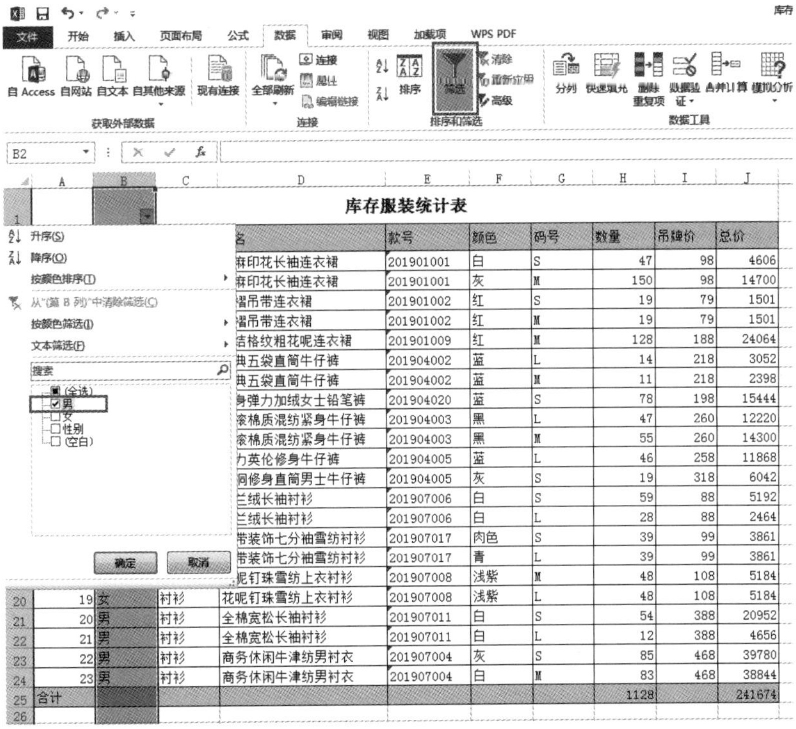

图5-24 数据筛选

确定后，表格只显示男装数据（图5-25）。

	A	B	C	D	E	F	G	H	I	J
1					**库存服装统计表**					
11	10	男	牛仔裤	摇滚棉质混纺紧身牛仔裤	201904003	黑	L	47	260	12220
12	11	男	牛仔裤	摇滚棉质混纺紧身牛仔裤	201904003	黑	M	55	260	14300
13	12	男	牛仔裤	弹力英伦修身牛仔裤	201904005	蓝		46	258	11868
14	13	男	牛仔裤	破洞修身直简男士牛仔裤	201904005	灰	S	19	318	6042
15	14	男	衬衫	法兰绒长袖衬衫	201907006	白	S	59	88	5192
16	15	男	衬衫	法兰绒长袖衬衫	201907006	白	L	28	88	2464
21	20	男	衬衫	全棉宽松长袖衬衫	201907011	白	S	54	388	20952
22	21	男	衬衫	全棉宽松长袖衬衫	201907011	白	L	12	388	4656
23	22	男	衬衫	商务休闲牛津纺男衬衣	201907004	灰	S	85	468	39780
24	23	男	衬衫	商务休闲牛津纺男衬衣	201907004	白	M	83	468	38844

图5-25 筛选结果

（19）第十九步：通过数据"排序"，实现数据统计分析。例如，想查看库存服装中价格高低排序，可如下操作：选择"价格"列，单击"数据"，选择"排序"（图5-26）。

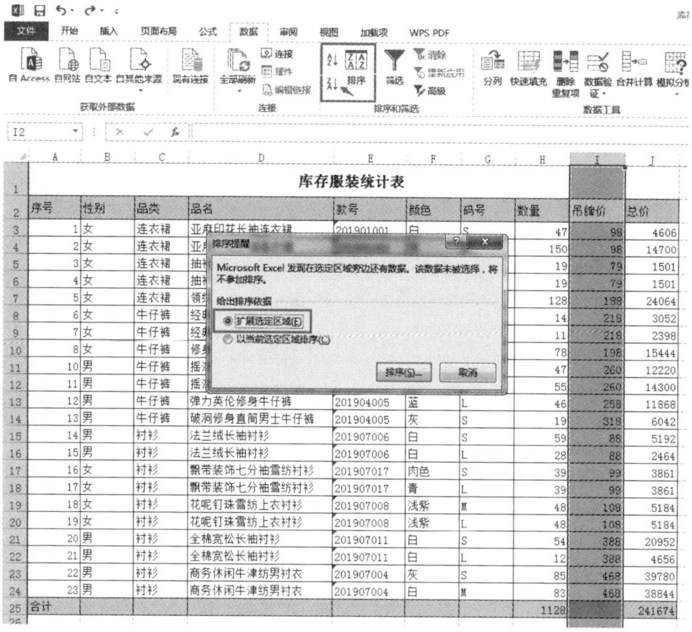

图5-26 数据排序统计分析

单击"排序"，实现表格中的"吊牌价"从高到低排列（图5-27）。

项目三　服装电商数据处理和分析

在服装电商运营过程中，我们会面对海量的数据材料，如何在其中搜寻整理出有用的数据，并通过对这些数据的整理分析得出对经营有用的信息，是服装电商数据处理和分析最核

序号	性别	品类	品名	款号	颜色	码号	数量	吊牌价	总价
22	男	衬衫	商务休闲牛津纺男衬衣	201907004	灰	S	85	468	39780
23	男	衬衫	商务休闲牛津纺男衬衣	201907004	白	M	83	468	38844
20	男	衬衫	全棉宽松长袖衬衫	201907011	白	S	54	388	20952
21	男	衬衫	全棉宽松长袖衬衫	201907011	白	L	12	388	4656
13	男	牛仔裤	破洞修身直筒男士牛仔裤	201904005	灰	S	19	318	6042
10	男	牛仔裤	摇滚棉质混纺紧身牛仔裤	201904003	黑	L	47	260	12220
11	男	牛仔裤	摇滚棉质混纺紧身牛仔裤	201904003	黑	M	55	260	14300
12	男	牛仔裤	弹力英伦修身牛仔裤	201904005	蓝	L	46	258	11868
6	女	牛仔裤	经典五袋直筒牛仔裤	201904002	蓝	L	14	218	3052
7	女	牛仔裤	经典五袋直筒牛仔裤	201904002	蓝	M	11	218	2398
8	女	牛仔裤	修身弹力加绒女士铅笔裤	201904020	蓝	S	78	198	15444
5	女	连衣裙	领结格纹粗花呢连衣裙	201901009	红	M	128	188	24064
18	女	衬衫	花呢钉珠雪纺上衣衬衫	201907008	浅紫	M	48	108	5184
19	女	衬衫	花呢钉珠雪纺上衣衬衫	201907008	浅紫	L	48	108	5184
16	女	衬衫	飘带装饰七分袖雪纺衬衫	201907017	肉色	S	39	99	3861
17	女	衬衫	飘带装饰七分袖雪纺衬衫	201907017	青	L	39	99	3861
1	女	连衣裙	亚麻印花长袖连衣裙	201901001	白	S	47	98	4606
2	女	连衣裙	亚麻印花长袖连衣裙	201901001	灰	M	150	98	14700
14	男	衬衫	法兰绒长袖衬衫	201907006	白	S	59	88	5192
15	男	衬衫	法兰绒长袖衬衫	201907006	白	L	28	88	2464
3	女	连衣裙	抽褶吊带连衣裙	201901002	红	S	19	79	1501
4	女	连衣裙	抽褶吊带连衣裙	201901002	红	M	19	79	1501
合计							1128		241674

图5-27 排序结果

心的价值所在。下面，我们就以具体任务，来训练大家在熟悉基础制表的基础上，综合运用Excel公式和函数，对服装电商数据进行总结和分析的技能操作。

任务：从淘宝标题分离关键词

1.任务目标

以某个核心关键词为基点，运用Excel从淘宝标题中分离出关键词，并对分离出来的关键词进行处理，制作关键词表。

2.任务训练的核心技能

淘宝关键词下载、淘宝标题关键词拆分、数据分列、Excel数据去重、If函数应用、Excel基础函数应用。

3.任务操作详细步骤

（1）第一步：新建"宝贝标题分离关键词表"Excel文件。在桌面单击鼠标右键，选择"新建Excel工作表"，重命名文件为"宝贝标题分离关键词表"，用"Excel 2013"打开，双击左下角工作表名称"sheet1"，激活后更改名称为"连衣裙"（图5-28）。

（2）第二步：打开淘宝网，在淘宝以"连衣裙"为关键词搜索，并选择"所有宝贝"和"综合排序"，淘宝按要求出现搜索结果（图5-29）。

（3）第三步：选择排名第一的宝贝的标题，单击"复制"（图5-30）。

（4）第四步：回到Excel工作表，选择A1单元格，粘贴文字，拉宽行宽到标题文字可以全部显示（图5-31）。

（5）第五步：重复以上操作，复制多个标题到Excel（图5-32）。

（6）第六步：利用淘宝搜索查看关键词拆分方法。以第一个标题为例：复制第一个标

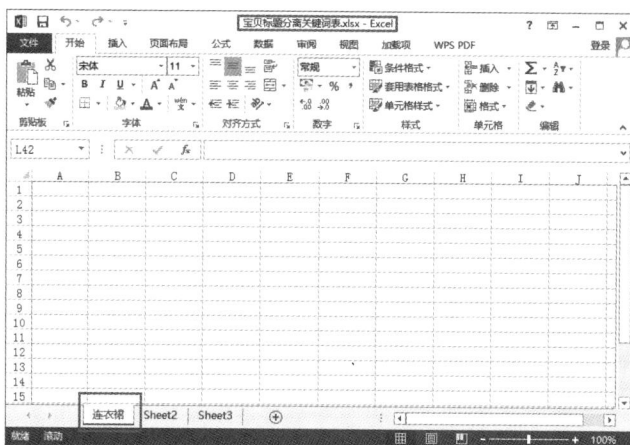

图5-28　新建表格

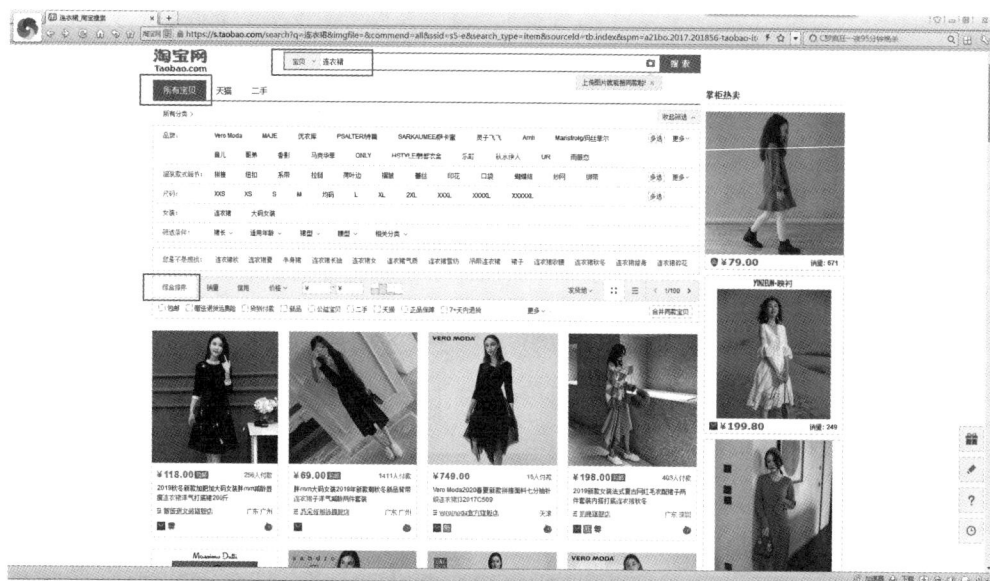

图5-29　淘宝关键词搜索

图5-30　复制宝贝标题

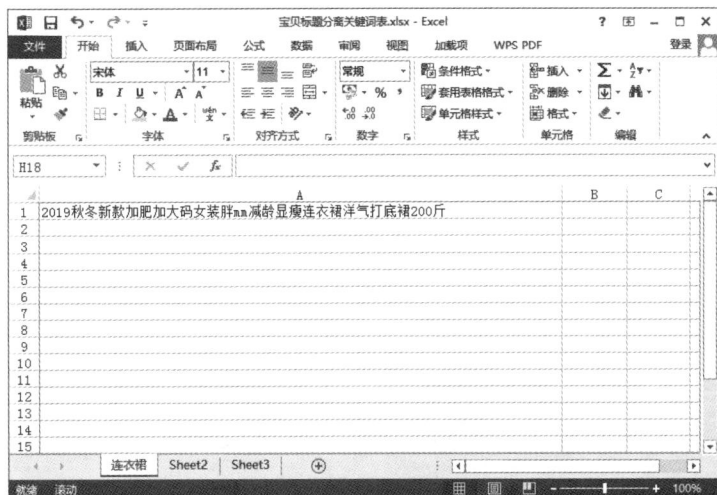

图5-31 粘贴文字

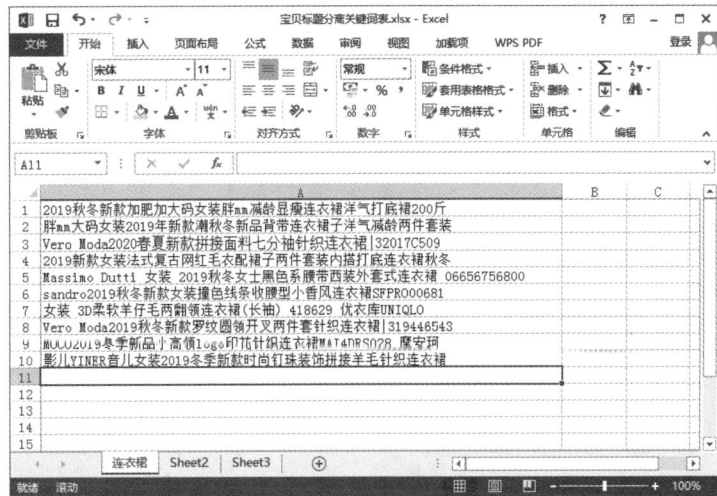

图5-32 重复操作

题，将整个标题文字粘贴到淘宝搜索框，点击查找（图5-33）。

（7）第七步：在搜索结果宝贝列表中找到原来的宝贝，右键单击其标题，选择"审查元素"（图5-34）。

（8）第八步：在网页代码显示窗口可以看到淘宝已经将标题拆分成单个关键词（图5-35）。

（9）第九步：参照淘宝分词结果，在Excel中用"空格"符分隔关键词（图5-36）。

（10）第十步：重复以上操作，完成剩下标题的分词（图5-37）。

（11）第十一步：分列关键词。将在一个单元格中的标题关键词分列为每个关键词一个单元格。选择"数据"—"分列"，调出"文本分列向导"对话框，勾选"分割符号"（图5-38）。

图5-33　关键词拆分验证1

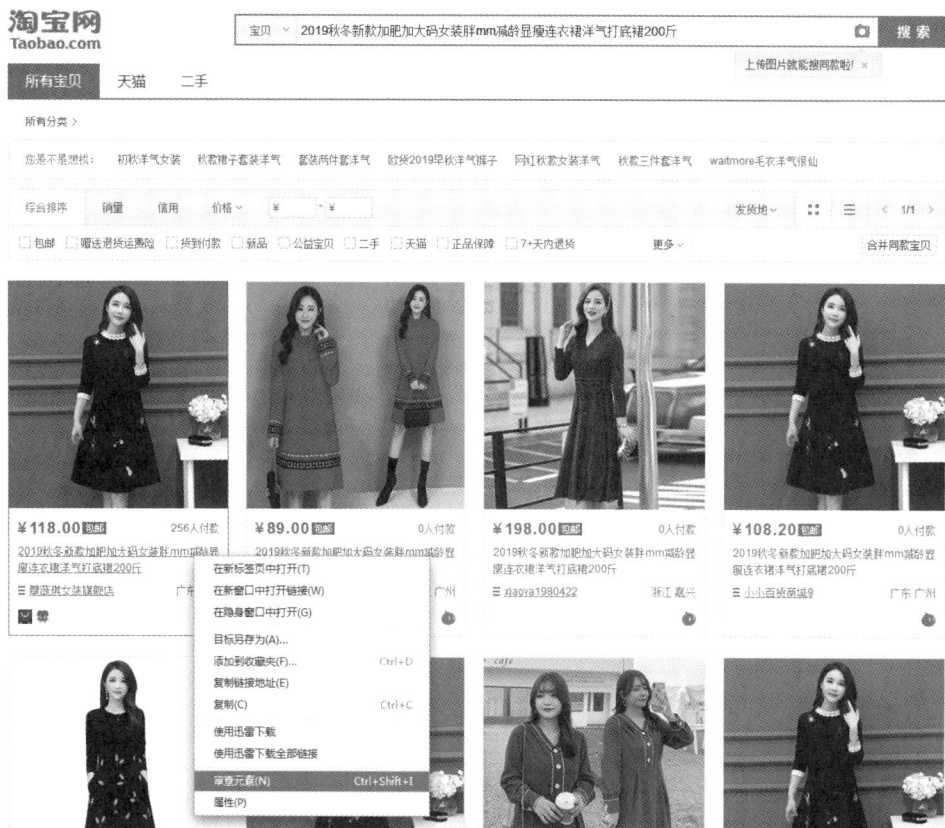

图5-34　关键词拆分验证2

图5-35　关键词拆分验证3

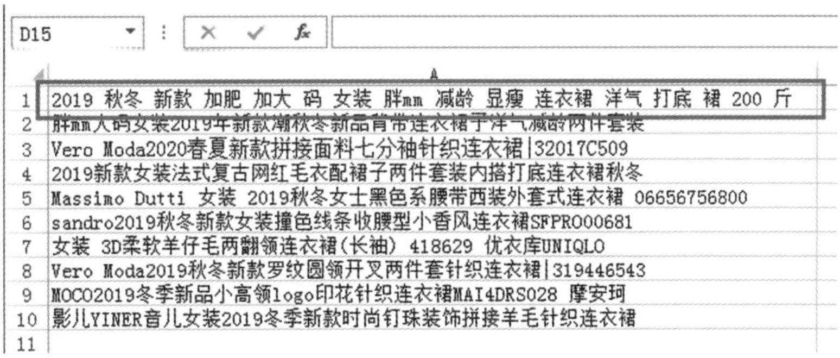

图5-36　空格拆分关键词

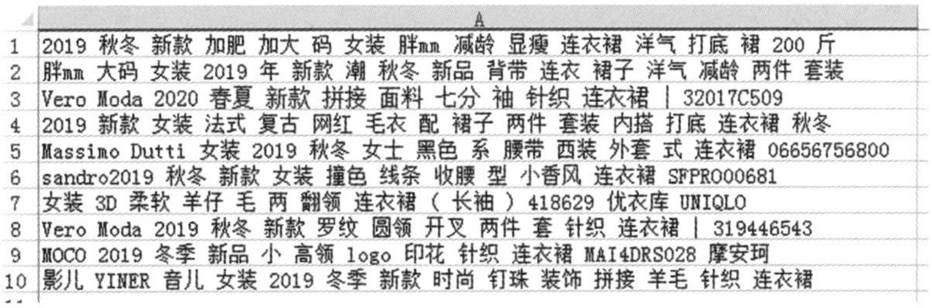

图5-37　重复空格拆分关键词

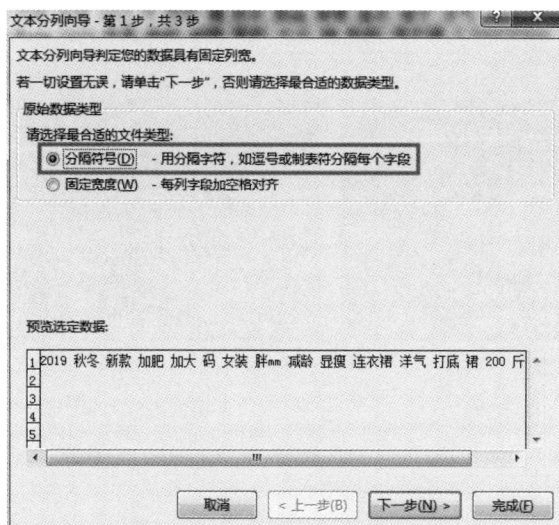

图5-38　关键词分列1

将选择分列数据的分割符合为空格（图5-39）。

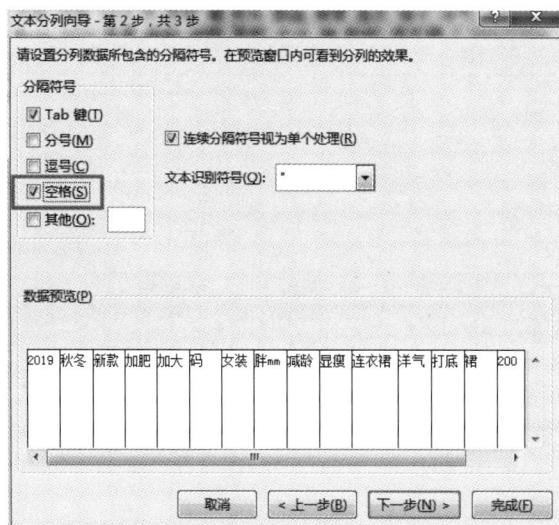

图5-39　关键词分列2

再设置分列后数据的格式，选择"文本"，确定后即完成文本分列（图5-40）。

分列后的效果如图 5-41所示。

（12）第十二步：重复分列关键词操作，完成所有标题关键词的分列（图5-42）。

（13）第十三步：为了下一步的处理，将分列好的关键词"转置"，即将关键词由行排列转为列排列。首先，选择第一行数据，单击右键选择"复制"，再右键，选择"选择性粘贴"—"转置"（图5-43）。

（14）第十四步：重复"转置"关键词操作，完成所有标题关键词的"转置"。再删除

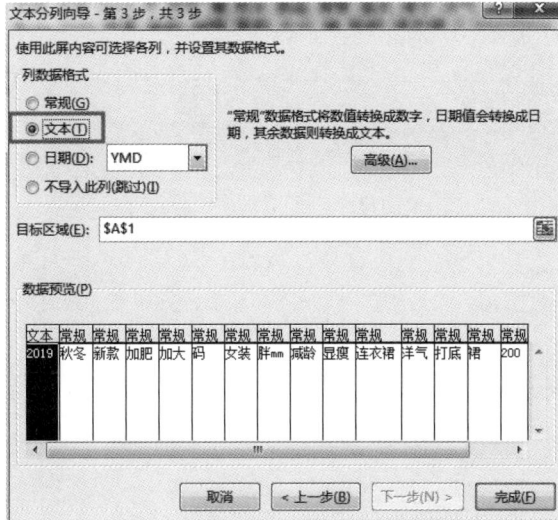

图5-40　关键词分列3

图5-41　关键词分列效果

图5-42　完成关键词分列

图5-43　转置

原标题，得到关键词列表（图5-44）。

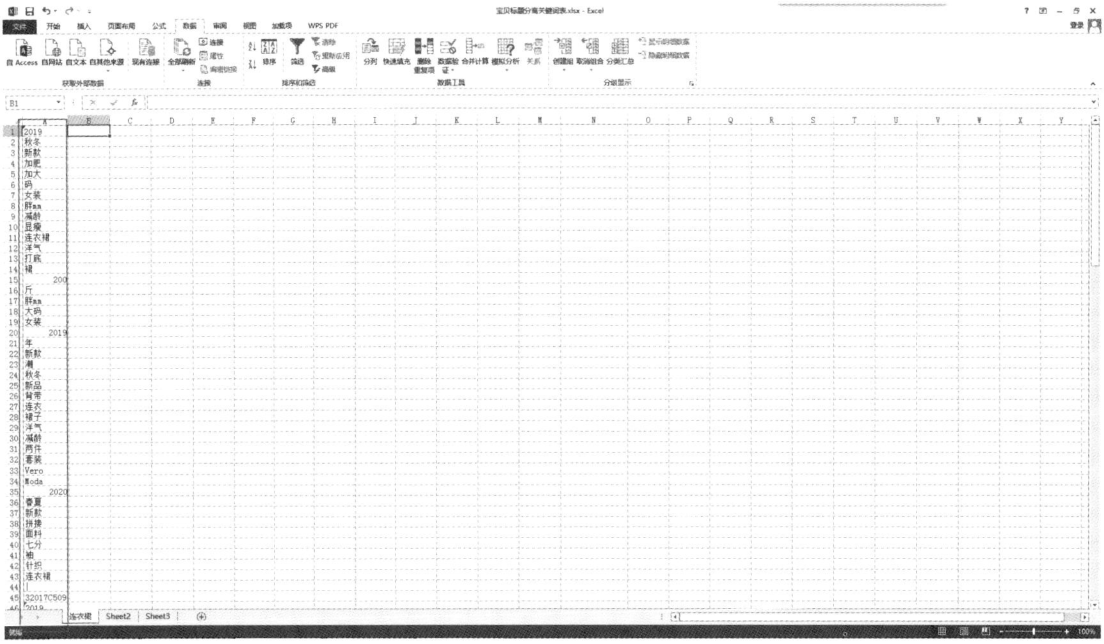

图5-44　关键词列表

（15）第十五步：去除重复关键词。首先，对关键词进行排序。选择关键词列，单击"数据"—"排序"，数据实现排序。排序的好处在于，相同的关键词会排列在一起（图5-45）。

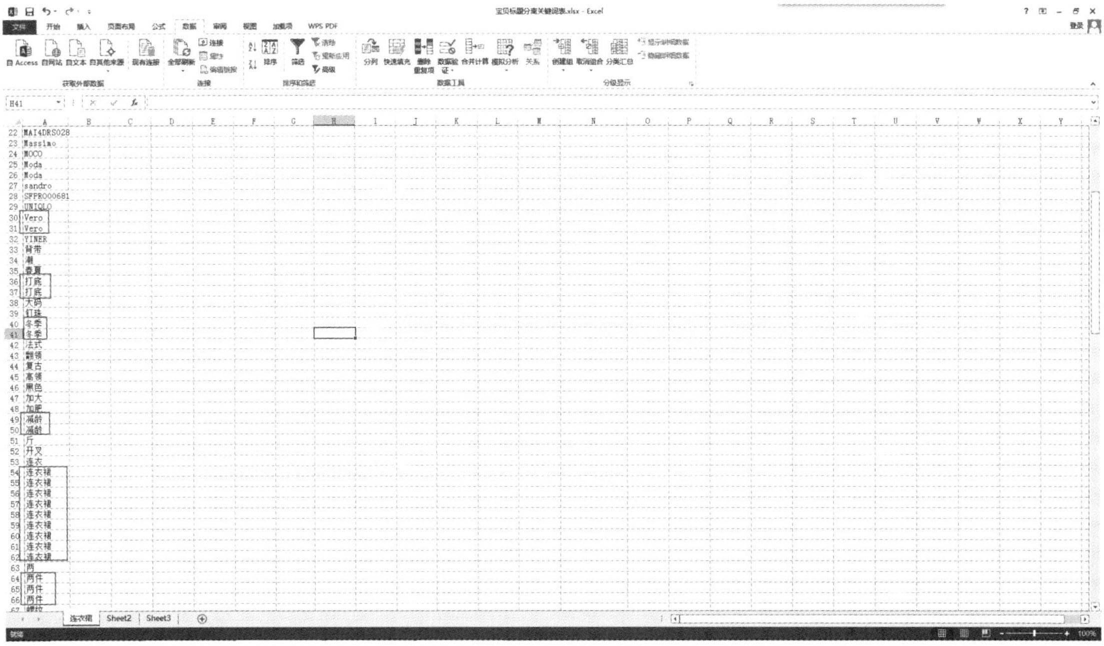

图5-45　关键词排序

　　然后，用IF函数区分重叠关键词。选择B1单元格，单击"fx"，跳出"插入函数"对话框，选择IF函数（图5-46）。

图5-46　添加IF函数

　　设置IF函数。首先设定函数逻辑"Logical_test：A1=A2"，即本行与下行数据相同；再设置逻辑成立"Value_if_true"后的显示值为"重复"，逻辑不成立"Value_if_false"后的显示值为"不重复"（图5-47）。

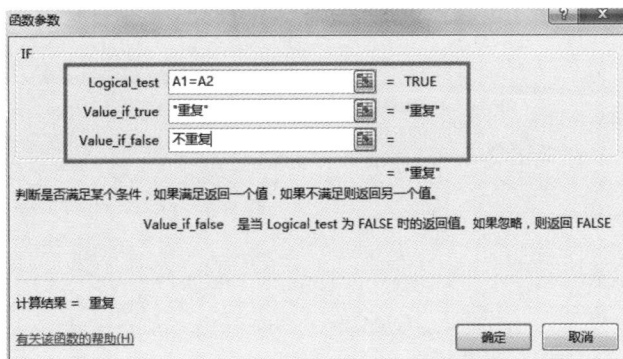

图5-47　设置IF函数

　　复制IF函数。鼠标放在已经插入函数的B1单元格的右下角，鼠标会变成黑十字标，双击即可复制函数到后面所有列（图5-48）。
　　对B列进行"筛选"。选择B列，单击"数据"—"筛选"，选择B列数据值"不重复"，即将重复数据全部剔除，实现去重（图5-49）。

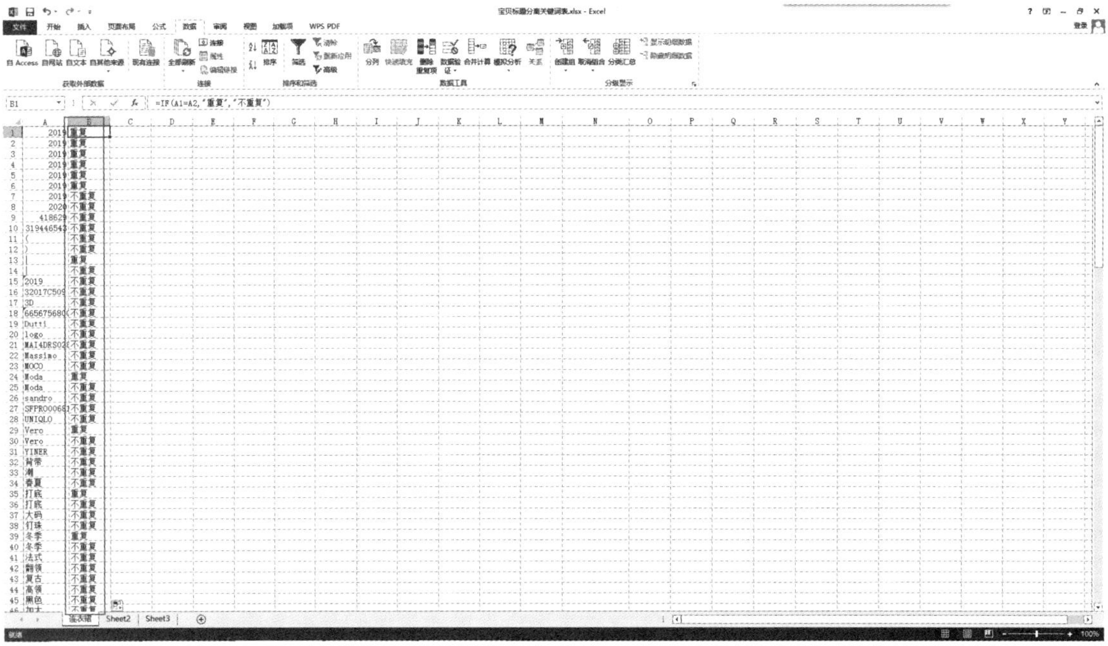

图5-48　复制函数

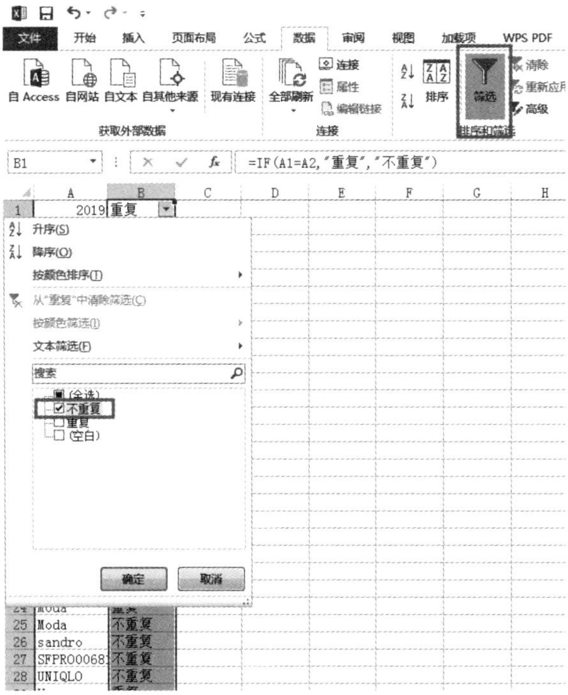

图5-49　数据筛选

（16）第十六步：去除与本产品无关关键词，主要是品牌词、产品编码词、无关属性词等，得到关键词表（图5-50）。

	A	B	C	D	E	F
A9	418629					

	A	B	C	D	E	F
7	2019	不重复				
8	2020	不重复				
9	418629	不重复				
10	319446543	不重复				
11	(	不重复				
12	)	不重复				
14	J	不重复				
15	2019	不重复				
16	32017C509	不重复				
17	3D	不重复				
18	665675680(	不重复				
19	Dutti	不重复				
20	logo	不重复				
21	MAI4DRS02	不重复				
22	Massimo	不重复				
23	MOCO	不重复				
25	Moda	不重复				
26	sandro	不重复				
27	SFPRO0068	不重复				
28	UNIQLO	不重复				
30	Vero	不重复				
31	YINER	不重复				
32	背带	不重复				
33	潮	不重复				
34	春夏	不重复				
36	打底	不重复				
37	大码	不重复				
38	钉珠	不重复				
40	冬季	不重复				
41	法式	不重复				
42	翻领	不重复				
43	复古	不重复				
44	高领	不重复				
45	黑色	不重复				
46	加肥	不重复				
47	加肥	不重复				
49	减龄	不重复				
50	斤	不重复				
51	开叉	不重复				
52	连衣	不重复				
61	连衣裙	不重复				
62	两	不重复				
65	两件	不重复				
66	螺纹	不重复				
67	码	不重复				
68	毛	不重复				

右键菜单：
宋体 11 A⁺ A⁻ %
B I ≡ ▽ · A · ⊞ · .0 .00
- 剪切(T)
- 复制(C)
- 粘贴选项：
- 选择性粘贴(S)...
- 插入行(I)
- 删除行(D)
- 清除内容(N)
- 设置单元格格式(F)...
- 行高(R)...
- 隐藏(H)
- 取消隐藏(U)

连衣裙 | Sheet2 | Sheet3 | ⊕

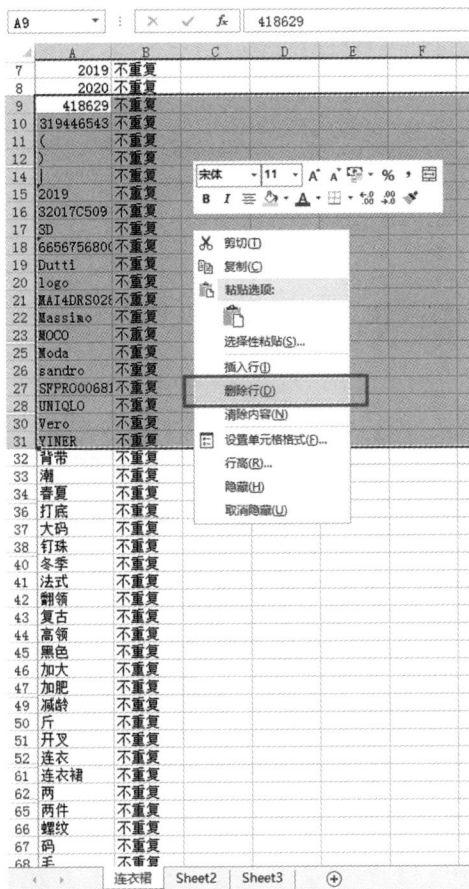

图5-50 完成关键词去重

模块六　服装电商营销与推广

项目一　电商免费营销与推广

电商营销与推广借助网络完成一系列营销与推广环节，最终达到销售目标的过程。电商营销与推广范围广泛，种类繁多。就淘宝服装卖家而言，其营销推广可从空间范围上划分为站内营销推广和站外营销推广。顾名思义，站内营销推广指其营销推广活动在网内展开，站外营销推广则在网外。对于淘宝服装卖家而言，站内营销推广在难度、有效性、客户精准度等几乎所有核心指标上，都远好于站外营销推广。所以，站内营销推广是绝大多数淘宝卖家最主要的营销推广阵地。

从付费性质上，淘宝营销与推广可分为免费和付费两大类。如同实体经济的人流量一样，网络流量是电商最核心的资源。淘宝网面向所有卖家开放免费流量，供大家竞争获取，这些免费流量就是卖家开展免费营销推广的直接标的。淘宝网上，获取免费流量的主要途径是淘宝自然搜索，所以，免费营销推广基本围绕自然搜索展开。除了免费流量外，淘宝店铺还可以用付费的方式获取流量，即付费营销推广。淘宝站内付费营销推广种类繁多，计费方式、针对性和营销效果也各不相同。基于本书电商基础的定位，本项目主要讲述淘宝站内免费营销推广相关技能。

一、免费推广与自然搜索

按照目前网购习惯，如果某客户想在淘宝网购买一条女士牛仔裤，大部分情况下，她会按照如下的行动轨迹开展前期的购买操作（暂不考虑购买后物流和退换货等后期操作）：

首先，打开淘宝网；然后，在淘宝搜索栏输入产品相关的关键词，如"牛仔裤 女"，点击搜索；最后，在搜索结果页的产品列表中，挑选感兴趣的宝贝，点击感兴趣的宝贝，进入该宝贝详情页，继续浏览了解。如果该宝贝合心意，客户选择直接购买，此次购买行为结束；如果没有直接购买，则可能继续回到先前关键词搜索结果页浏览，或者更换关键词搜索，再浏览更换后的关键词的搜索结果页，挑选感兴趣的宝贝，点击浏览感兴趣宝贝的详情页，直到购买或彻底放弃购买。

站在卖家的立场，通过上述购买行为轨迹，可以直观看到淘宝搜索在客户购买行为中的重要性。卖家出售的宝贝，首先需要锁定客户搜索关键词，以便出现在该关键词客户搜索结果页上；同时，需要争取好的排位，以期顺利展现在客户面前；还要想办法吸引客户注意，并在搜索结果页诸多宝贝中脱颖而出，获得点击；最后通过详情页介绍打动客户，实现销售。这一系列环节，也展示了淘宝站内营销推广中，自然搜索与优化的全部要点，即搜索关键词、展现、点击产生流量、流量转化为购买。

二、自然搜索结果记录与分析

开展淘宝免费营销推广，需要先熟悉淘宝搜索。我们先通过对淘宝搜索结果的记录和分析，来熟悉淘宝搜索结果页的页面构成、宝贝排位、宝贝分布等核心信息，从而为后续搜索优化打下基础。

任务：关键词搜索结果记录与分析

1. 任务目标

以某个关键词为基点，运用淘宝搜索，查看搜索结果，对结果进行分析。

2. 任务训练的核心技能

熟悉淘宝搜索、淘宝标题关键词拆分、数据分列、Excel数据去重、If函数应用、Excel基础函数应用。

3. 任务操作详细步骤

（1）第一步：打开"淘宝网"，在淘宝搜索框中输入关键词"牛仔裤 女"，单击搜索（图6-1）。

图6-1　关键词搜索

（2）第二步：熟悉搜索结果页面。搜索结果页面中，搜索出来的宝贝分左右两部分排列，左边主体即为自然搜索排序宝贝，右边和左边主体下边最后一排宝贝均为直通车付费推广宝贝（图6-2）。

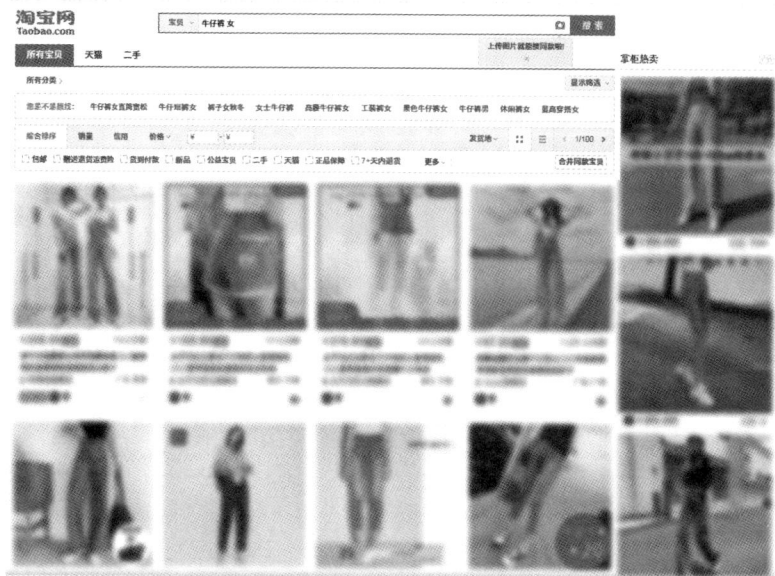

图6-2　搜索结果页面

搜索默认"综合排序"，系统还可选以"销量""信用""价格"排序，也可添加勾选"价格""发货地"及"包邮""赠送退货运费险"等个性化条件设置（图6-3）。

图6-3　搜索设置

（3）第三步：记录宝贝搜索结果信息。宝贝搜索结果页面展示出来的，是该关键词市场最真实、最即时的信息，对这个信息的记录和分析是开展营销推广乃至产品开发的基础。根据统计分析目标，设置相应的表格。通常，我们统计和分析最重要的目标是：分析影响当前搜索关键词排位情况的因子，并了解该关键词的市场情况。基于此，统计分析表格通常可添加"序号""排位页数""宝贝主图""宝贝链接""价格""销量""店铺性质""店铺名称""宝贝标题"等项目。其中，最核心的是"价格""销量""店铺性质"这三项，通过统计这三项，可基本了解该关键词在这一时刻，综合排序靠前的核心影响因子。另外，"宝贝主图"是为了更直观地识别宝贝，同时借鉴主图设计；"宝贝链接"为了后续跟踪访问该宝贝，也为了借鉴其详情页设计；"店铺名称"主要是掌握做得好的对手是谁。在默认综合搜索页面，从第一个宝贝开始，逐个记录信息（图6-4）。

图6-4　设置表格

记录价格数据注意事项：由于部分商品在销售过程中会设置打折、送优惠券、抵扣等各种优惠活动，客户购买实际所需金额极有可能低于搜索页价格，所以，录入价格时一定要注意以客户购买实际所需金额为准。

（4）第四步：对统计结果进行整理分析。实际处理时，以淘宝搜索展示页每页为单位收集数据，可按需要统计前10~20页。本示例中，只收集了以"牛仔裤 女"为关键词，所得搜索结果第一页前12名宝贝的资料，并以这个资料数据为蓝本介绍整理分析方法，结果不具备指导性。

首先，看表格"店铺性质"栏。数据显示，所有商品皆为"天猫"。显然，该关键词自然搜索综合排序上，天猫店铺处于优势地位（图6-5）。

其次，对"店铺名称"栏进行排序处理，观察同店铺重叠情况，可发现"优衣库官方旗舰店""伊娅蓓旗舰店""太平鸟官方旗舰店"这三家店铺在前12名有两个宝贝。可看出该关键词自然搜索综合排序中，这三家店的产品优化做得好。显然，它们是我们学习模仿的目标，或者竞争对手。

再次，对"销量"栏进行排序处理，可以看到，销量在100个以内的宝贝共1个，100~200个宝贝有2个，400~600个区间宝贝有4个，2000~3000个区间宝贝有2个，6000个以上宝贝有3个（图6-6）。此结果对我们单品冲击自然搜索综合排位时，宝贝销量的预判及准备有显著的参考意义。对"销量"栏除了进行排序处理外，还可根据需要，设计IF函数对销量进行分段计算，然后对计算结果进行分类，就可以更清楚地看到不同销量段的宝贝数。

最后，对"价格"栏进行排序处理。可看到，价格在100以下的宝贝有3个，100~200元宝贝有2个，100~200元宝贝有5个，700元以上宝贝有2个（图6-7）。此结果对我们单品冲击自然搜索综合排位时，宝贝的定价和产品定位有显著的参考意义。同样，对"价格"栏除

G	H
店铺性质	店铺名称
天猫	伊娅蓓旗舰店
天猫	太平鸟官方旗舰店
天猫	太平鸟官方旗舰店
天猫	haoall旗舰店
天猫	haoall旗舰店
天猫	优衣库官方旗舰店
天猫	misssixty官方旗舰店
天猫	色彩娜旗舰店
天猫	优衣库官方旗舰店
天猫	伊芙丽旗舰店
天猫	misssixty官方旗舰店

F
销量
52
141
157
481
505
548
614
2133
3117
6500
9000

价格
67
69
69.9
119.9
154.9
208
249
266
268
299
759

图6-5　店铺性质　　　　　　图6-6　产品销量　　　　　　图6-7　产品价格

了进行排序处理外，可根据需要，设计IF函数对价格进行分段计算，然后对计算结果进行分类，就可以更清楚看到不同价格段的宝贝数。

除了以上关键词的统计和分析外，应用同样的方法，可以根据需要，增加"地域""产品打标（如是否为公益宝贝、当季新品等）"等栏目，以对目标关键词产品市场卖家分布的地域特征、宝贝其他竞争优势有更全面的把握。

（5）第五步：打开"淘宝网"，在淘宝搜索框中输入关键词"牛仔裤 女"，单击搜索，跳出搜索结果页面。在搜索结果页面，单击"销量"按钮，按销量从高到低排列（图6-8）。

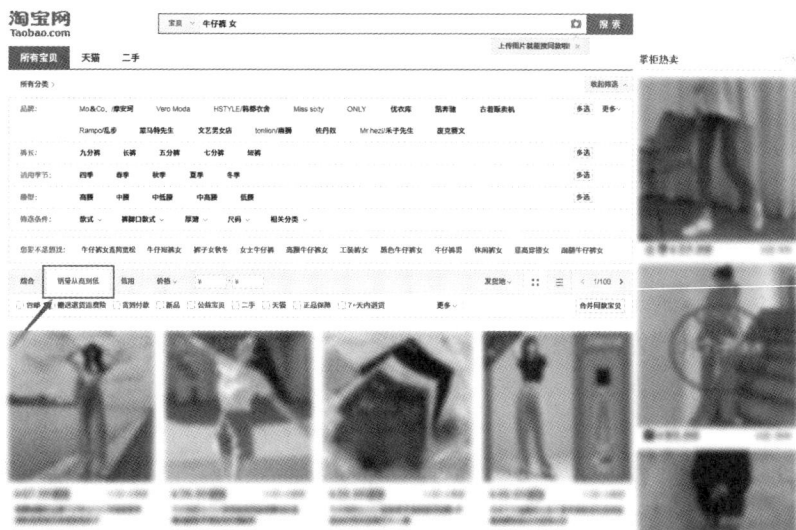

图6-8　销量排序

（6）第六步：应用上述方法，对淘宝自然搜索按销量排序结果进行记录和分析。同样添加"序号""排位页数""宝贝主图""宝贝链接""价格""销量""店铺性质""店铺名称""宝贝标题"等项目。增加"重要款式特点（如裤长、颜色、宽松程度）"栏目，分析高销量宝贝的款式特点、价格及主图和详情页设计。通过这些项目的统计分析，可基本了解销量靠前宝贝的核心因素，为后续产品开发、定价和营销推广做参考。

项目二　自然搜索优化

一、打造高流量产品标题

（一）淘宝产品标题解释

按当前淘宝自然搜索规则，只有标题、属性、详情页面纯文字与搜索关键词相匹配的产品，才有机会被淘宝自然搜索页面展示。其中，就搜索权重而言，标题最大，属性次之，详情页文字最弱。基于该搜索原则，制作淘宝搜索的产品标题，对于一款产品争取自然搜索流量的重要性不言而喻。

产品标题由一系列关键词组成。制作产品标题的基本方法就是将一系列经过精确选择的关键词，按一定方式组合在一起，以求更好地被淘宝搜索引擎抓取。

淘宝产品标题最多可设置60个字符，其中，每个英文字母、数字、符号均为1个字符，每个汉字为2个字符。每一个字符都可能为产品争取更多地被搜索展示的机会，所以，撰写时要尽量写满60个字符。由于产品标题会在搜索结果页面展示出来给广大消费者看，所以，在实际标题撰写时，还需要尽可能考虑到标题的可读性。

（二）产品标题关键词选择误区

产品标题由关键词组成，所以，写产品标题首先要选择好关键词。在选择关键词时，特别注意避免出现如下关键词选择误区：

（1）选用敏感词和侵权词。敏感词包括政治人物和名人明星的名字、宗教词、色情词等；侵权词主要涉及品牌名称，也不能耍小聪明打擦边球，如"质量不输耐克"之类。

（2）选用广告词，特别是夸大类广告词，如"全网第一"等。

（3）标题关键词堆砌。

（4）乱用符号。由于搜索的背后是消费者，所以标题的本质是迎合消费者的搜索习惯。对于普通的消费者而言，在搜索时，通常不会使用符号，较少使用英文和数字（英文品牌名称除外），所以标题撰写不用符号，尽量少用英文和数字。

（三）关键词种类

关键词按照其重要性、搜索热度、竞争度、匹配度等因素可划分为许多种类。从标题撰写及店铺营销推广角度，可将关键词简单分类如下：

1.大词

此类关键词搜索量大，竞争激烈，但覆盖范围大，人群精准度低，所以转化率也低。在服装服饰类目，这种词通常是产品类目词，如连衣裙、牛仔裤、衬衫等。此类词较适合有一定实力的店铺和有相当积累的宝贝，某些性价比极高和着重推广店铺的宝贝也可以考虑此类词。

2.核心关键词

在大词的基础上，增加一到两个符合产品特点的修饰词，就得到核心关键词，如在大词"牛仔裤"的基础上增加性别限制，得到核心关键词"牛仔裤 女"，或在此基础上再增加产品属性描述也可以得到核心关键词"牛仔裤 女 直筒"。核心关键词较大词而言，流量减少，但对应人群精准度大大提高，因而竞争度降低，转化率也相对提高。基于此特点，此类关键词是绝大部分店铺和产品争取搜索流量较重要的词。

3.长尾关键词

较大词和核心关键词而言，长尾关键词通常更长，往往是在大词基础上增加2个以上修饰词组成。显然，长尾关键词较前面两种词，定位更加精准，选词范围更广，竞争度更低。当然，由于对应客户群更少，带来流量也更低。在当前淘宝网庞大的消费者基数和淘宝网倡导的搜索个性化发展的趋势面前，长尾关键词无疑是绝大部分店铺和产品最重要的挖掘对象。

区分各种关键词的种类除了粗放地看构成词的数量，还有一个重要的角度是看增加在大词基础上的修饰词本身的精度和热度。例如，"牛仔裤 女"和"牛仔裤 花边"这两个词的针对性就显然大不相同。所以，词的种类区分仅作参考，实际操作远没有其实际效用重要。

（四）关键词收集

关键词如此重要，那么我们如何寻找适合自己产品的关键词呢？寻找关键词的方法非常多，我们推荐采用收集整理"淘宝搜索推荐词"和"直通车流量解析词"这两种免费且实用的方法。

👉 **任务：淘宝搜索推荐词收集整理**

1.任务目标

通过淘宝搜索，收集并整理淘宝搜索推荐词。

2.任务训练的核心技能

淘宝下拉框关键词的收集和整理、淘宝搜索结果页面"您是不是想找"栏目推荐关键词的收集和整理。

3.任务操作详细步骤

（1）第一步：从大词开始。假设产品为某款女士牛仔裤，确定大词为"牛仔裤"。在淘宝搜索框中输入"牛仔裤"，不用点击搜索，只需等待搜索栏下出现选词下拉框（图6-9）。下拉框所列关键词为经过淘宝系统后台统计筛选的，在淘宝搜索栏搜索最频繁的关键词。这些关键词来自淘宝官方的第一手数据，真实可靠，且有极高的搜索量，非常有价值。

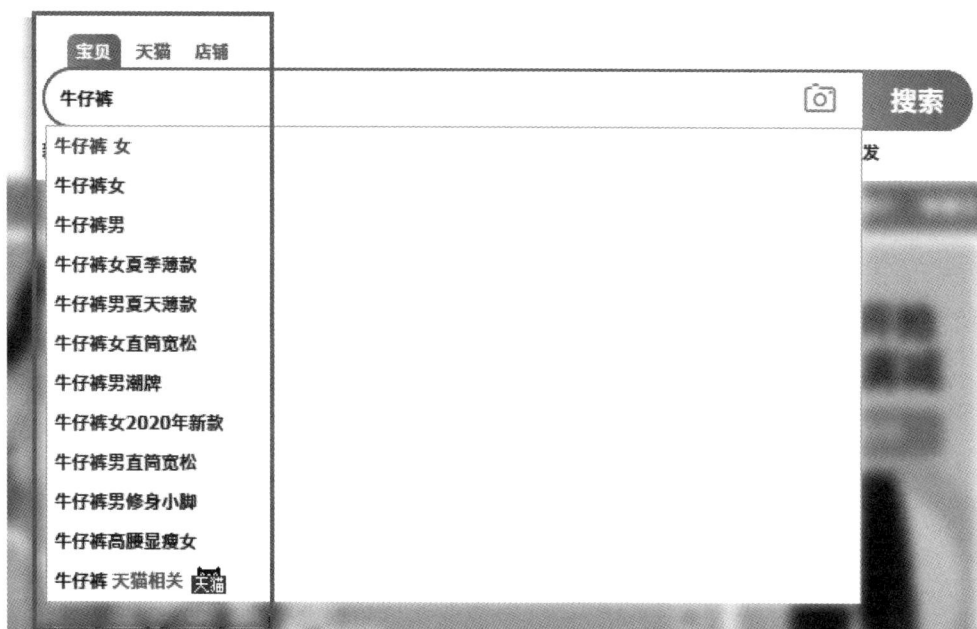

图6-9　搜索大词下拉框词

（2）第二步：选定核心词。结合自己产品的特点，从下拉框词中选定合适的词为核心词，如"牛仔裤 女""牛仔裤女夏季薄款""牛仔裤女直筒宽松""牛仔裤女2020年新款""牛仔裤高腰显瘦女"等。然后再根据自己的款式特点排除明显与自己产品不符的关键词。

（3）第三步：以刚才选定的核心词为基点继续获取下拉框词。在淘宝搜索框中输入刚刚得到的核心词"牛仔裤 女"，获取下拉框词（图6-10）。

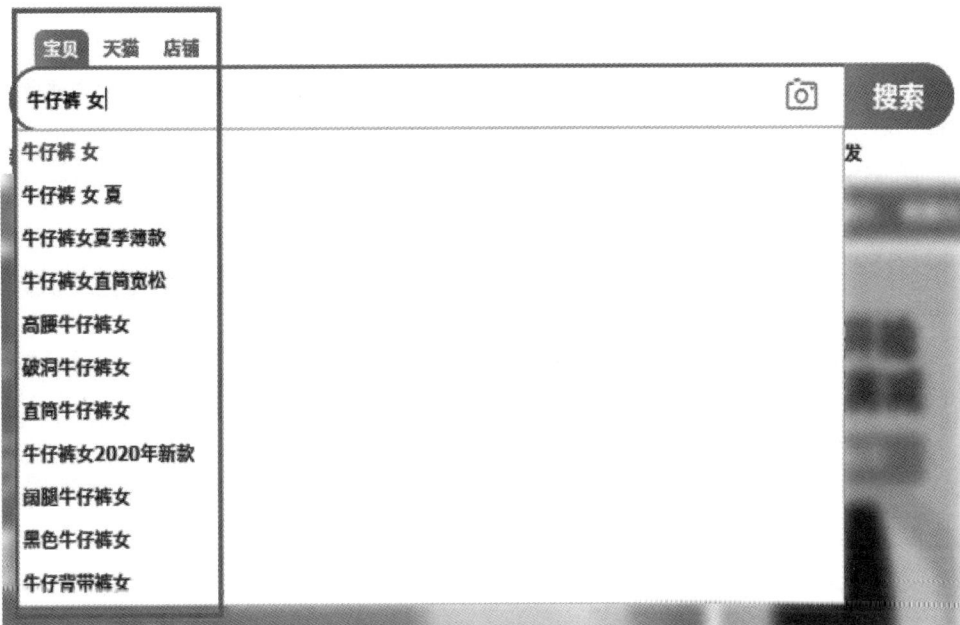

图6-10 搜索核心词下拉框词

（4）第四步：参考第二步筛选核心词的方法，根据自己产品的款式特点排除明显与自己产品不符的关键词，将剩下的保留。款式特点要认真筛选，特别留意某些相冲突的属性。

（5）第五步：选定好关键词后，运用新选好的关键词重复上述操作，再获取下拉框关键词，直到词重复为止。

（6）以第二步选定的核心词为基点，逐个核心词查找并收集，最后将所有收集到的关键词合到一起，进行去重处理，做成淘宝搜索下拉框词库，已备后用。

（7）第七步：收集淘宝搜索推荐词。同样，在淘宝搜索框中输入"牛仔裤"，点击搜索，跳出搜索结果页，在搜索结果页中找到"您是不是想找"栏，记录其推荐的关键词（图6-11）。"您是不是想找"推荐的关键词同样是经过淘宝系统后台统计计算，与在淘宝搜索栏输入的搜索关键词密切相关的关键词。同样，这些关键词来自淘宝官方的第一手数据，真实可靠，是与当前搜索词密切相关且有极高的搜索量的关键词，同样非常有价值。

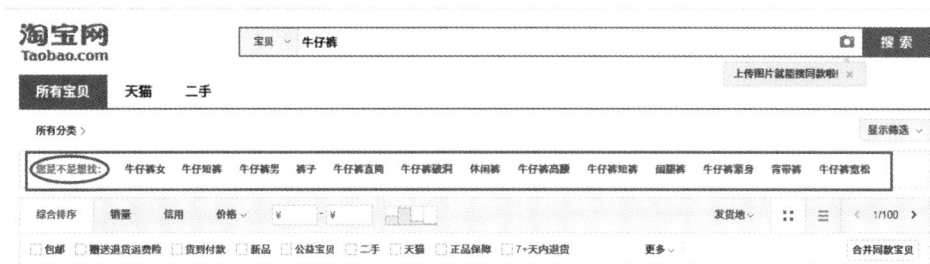

图6-11 搜索推荐关键词

（8）第八步：参考淘宝搜索下拉框收集关键词的方法，根据产品的款式特点排除明显与产品不符的关键词，将剩下的保留。在选定好关键词后，运用新选好的关键词再重复上述操作，再获取"您是不是想要"推荐的关键词，直到词重复为止。将所有收集到的关键词合到一起，进行去重处理后，做成淘宝"您是不是想找"推荐关键词库，已备后用。

任务：直通车流量解释词收集整理

1.任务目标

下载直通车流量解释词，并对下载好的词进行数据处理，寻找到搜索量大，同时竞争小的关键词。

2.任务训练的核心技能

直通车流量解释词下载、关键词数据处理和筛选。

3.任务操作详细步骤

（1）第一步：进入店铺后台。登录淘宝网，点击"千牛卖家中心"，进入店铺卖家后台。找到网页左边栏中"营销中心"功能模块，找到"直通车"，点击进入淘宝直通车后台界面（图6-12）。

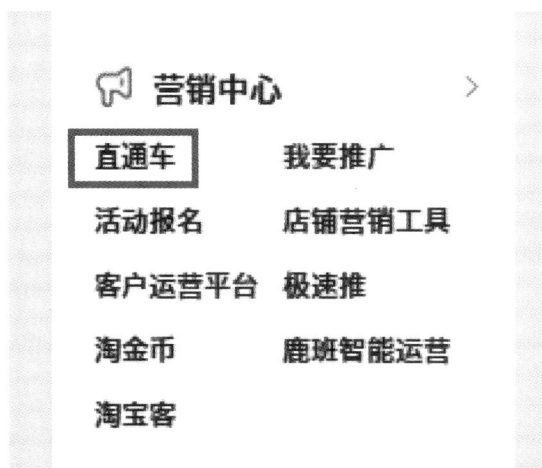

图6-12 直通车后台界面

（2）第二步：点击"进入直通车"（图6-13）。

图6-13　进入直通车

（3）第三步：在页面上面菜单栏选择"工具"，然后再左边栏选择"流量解释"，页面跳出"关键词分析"查询框（图6-14）。

图6-14　进入直通车流量解释

（4）第四步：在"关键词分析"查询框中输入关键词，点击"查询"，即进入关键词流量解释查询界面。此处输入查询的关键词通常为选定的核心词。通过核心词查找其他相关的流量大且竞争度底的好词。在此，我们以核心词"牛仔裤 女"为例（图6-15）。

图6-15 直通车流量解释页面

流量解释页面可选择行业类目和数据类型。其中，行业类目选择项中第一个为系统默认推荐类目，第二个为其上级类目，第三个为闲置二手类目，通常选择第一个即可。数据类型有：市场数据趋势，该项主要提供关键词及其相关数据；人群画像分析，主要提供关键词对应人群数据；竞争流量透析，主要提供竞争流量来源地、设备、搜索时段数据。我们主要目的是获取关键词，所以选择第一项（图6-16）。

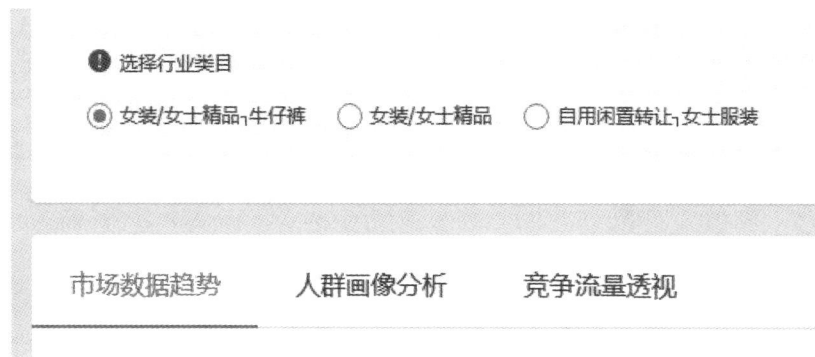

图6-16 行业和数据类型选择

右边还可以选择数据时段，有过去1天到13个月分阶段时段可选。综合考虑数据的时效性和数据的数量，通常选择"过去14天"或"过去30天"（图6-17）。

图6-17 数据时效选择

（5）第五步：下载推荐词表。下拉页面到"相关词推荐"，点击右边"词表下载"，下载词表（图6-18）。

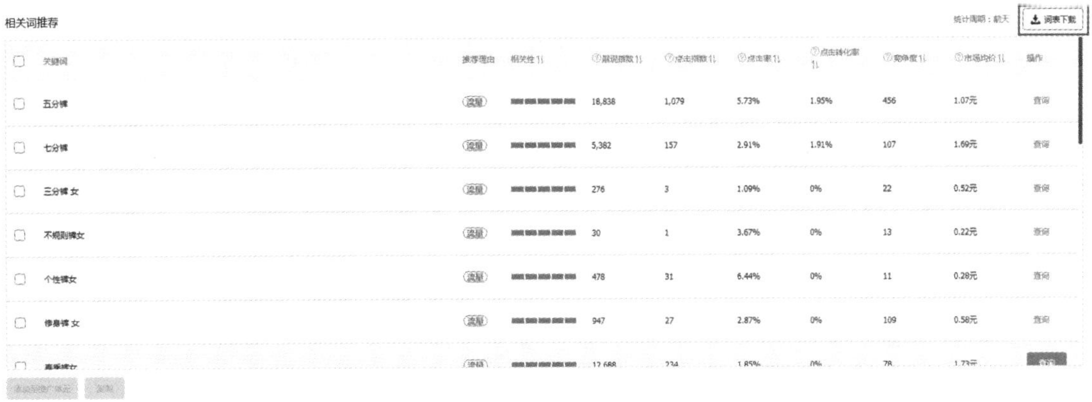

图6-18 下载推荐词表

（6）找到下载好的文件名为"relative_word"的词表文件，打开文件，可以看到一系列带有数据的关键词。与前两种方法寻找到的关键词不同，流量解释推荐词表图中的关键词有相应的搜索数据，所以精准度大大提高（图6-19）。

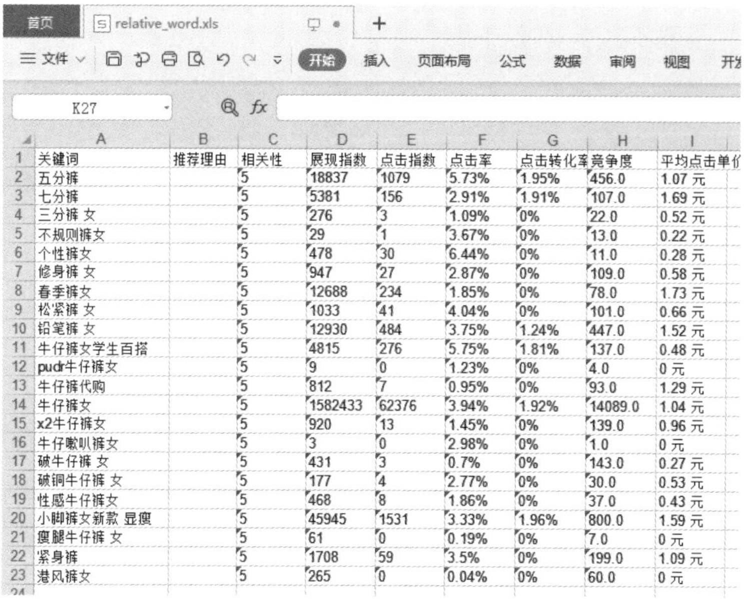

图6-19 原始推荐词表图

其中，展示指数指关键词在一定时间范围内的展现数据指标，是已经过处理后的相对值，可以起到市场展现量参考衡量的作用；点击指数指关键词在一定时间范围内的点击数据指标，是已经过处理后的相对值，可以起到市场点击量参考衡量的作用；点击率指关键词在一定时间范围内的市场平均点击率；点击转化率指关键词在一定时间范围内的市场平均点击转化率；竞争度指关键词在一定范围内产品的竞争数据指标，是已经过处理后的相对值，可以起到市场竞争度参考衡量的作用；市场均价是直通车付费相关概念，关键词在一定时间范围的平均点击单价，即市场上购买该关键词的单元每一次点击产生的平均花费。

特别留意，以上所有指数类指标都是已经过处理后的相对值，不是绝对的数值。其最重要的作用是用于相对计算及比较。

（7）第七步：筛选出无用关键词。主要是剔除与自己产品无关的关键词，如品牌名称、无关属性等。也可根据自己需要剔除展示、点击、转化数据为0的关键词。但是，考虑到本图表为动态的，当前只记录前30天的数据，部分项目（如点击转化率）为0的数据关键词也可保留。

（8）第八步：设置优质选项。为获取高展示、低竞争的优质关键词，在表格中增加"优质度"列，设计该列数据值为：展示指数/竞争度。显然，该列数据越大，对应关键词展示越高，竞争越低，关键词质量越优质（图 6-20）。

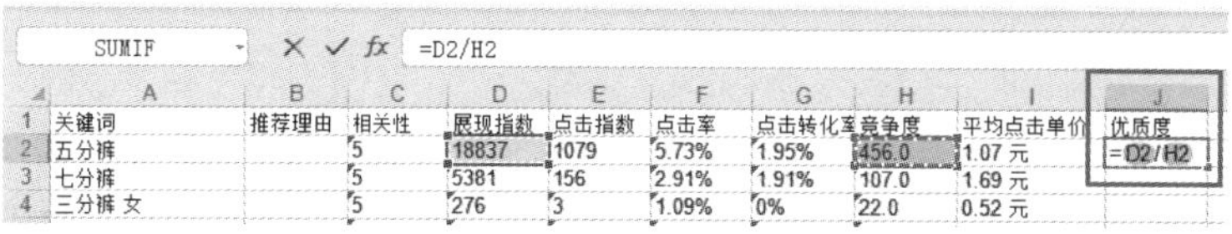

图6-20 优质度指标

（9）第九步：获取优质关键词。复制公式，对整个表格的 "优质度"列进行计算（图6-21）。

J
优质度
41.30921053
50.28971963
12.54545455
2.230769231
43.45454545
8.688073394
162.6666667
10.22772277
28.9261745
35.1459854
8.731182796
112.3169139
3
3.013986014
5.9
12.64864865
57.43125
8.714285714
8.582914573
4.416666667

图6-21　优质度指标计算

按"优质度"排列关键词，按需要截取排位靠前的关键词（图6-22）。

	关键词	推荐理由	相关性	展现指数	点击指数	点击率	点击转化率	竞争度	平均点击单价	优质度
2	春季裤女		5	12688	234	1.85%	0%	78.0	1.73 元	162.6666667
3	牛仔裤女		5	1582433	62376	3.94%	1.92%	14089.0	1.04 元	112.3169139
4	小脚裤女新款 显瘦		5	45945	1531	3.33%	1.96%	800.0	1.59 元	57.43125
5	七分裤		5	5381	156	2.91%	1.91%	107.0	1.69 元	50.28971963
6	个性裤女		5	478	30	6.44%	0%	11.0	0.28 元	43.45454545
7	五分裤		5	18837	1079	5.73%	1.95%	456.0	1.07 元	41.30921053
8	牛仔裤女学生百搭		5	4815	276	5.75%	1.81%	137.0	0.48 元	35.1459854
9	铅笔裤 女		5	12930	484	3.75%	1.24%	447.0	1.52 元	28.9261745
10	性感牛仔裤女		5	468	8	1.86%	0%	37.0	0.43 元	12.64864865
11	三分裤女		5	276	3	1.09%	0%	22.0	0.52 元	12.54545455
12	松紧裤 女		5	1033	41	4.04%	0%	101.0	0.66 元	10.22772277
13	牛仔裤代购		5	812	7	0.95%	0%	93.0	1.29 元	8.731182796
14	瘦腿牛仔裤女		5	61	0	0.19%	0%	7.0	0 元	8.714285714
15	修身裤 女		5	947	27	2.87%	0%	109.0	0.58 元	8.688073394
16	紧身裤		5	1708	59	3.5%	0%	199.0	1.09 元	8.582914573
17	破洞牛仔裤 女		5	177	4	2.77%	0%	30.0	0.53 元	5.9
18	港风牛仔裤女		5	265	0	0.04%	0%	60.0	0 元	4.416666667
19	破牛仔裤 女		5	431	3	0.7%	0%	143.0	0.27 元	3.013986014
20	牛仔嗽叭裤女		5	3	1	2.98%	0%	1.0	0 元	3
21	不规则裤女		5	29	1	3.67%	0%	13.0	0.22 元	2.230769231

图6-22　优质度指标排序

处理好"牛仔裤 女"这个核心词后，可以更换其他核心词，使用同样方法，收集直通车流量解释推荐词。

（10）第十步：获取行业趋势词。除了推荐词外，还有行业趋势词，也可以收集整理。在流量解释页面，将页面往下拉，出现"行业趋势词排行"，单击右边"词表下载"，下载包含"热搜词""飙升词""新词"在内的词（图6-23）。

图6-23　行业趋势词下载

（11）第十一步：整理行业趋势词。本词表中"热词"和"飙升词"也非常有价值，"新词"可收藏观察待用。选定词表中首行，单击"筛选"可分别选出"热词"（图6-24）和"飙升词"（图6-25），分别处理。

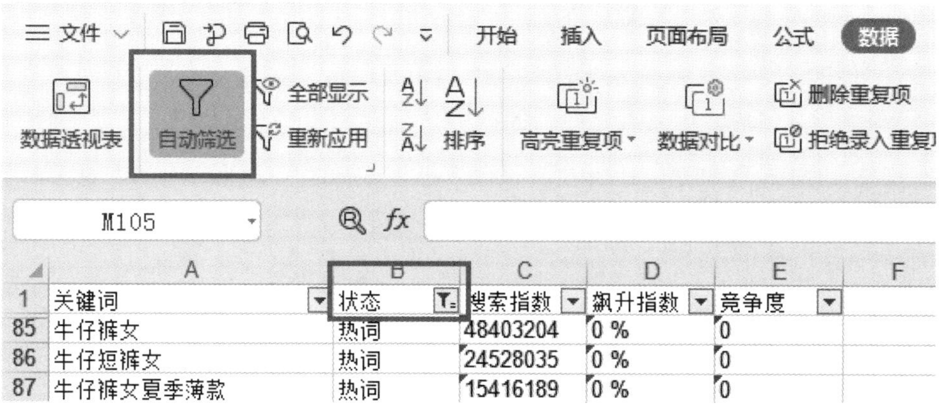

图6-24　筛选出"热词"

图6-25 筛选出"飙升词"

（五）组合产品标题

有了关键词后，就可以将关键词组合标题。在组合标题前，首先确定1~2个标题主推关键词，并准备20个左右组合标题用其他关键词。

（六）标题优化及更改

标题上传后，要不断监控，并不断优化调整。其中，调整周期至少1周。每次标题优化，最好只改动一个关键词，然后监测流量变化。流量上升就保留优化，流量下降则改边，如此不断优化调整。需要注意的是，更改标题时不能直接编辑产品。

任务：产品标题优化更改

1.任务目标

更改出售中的产品的标题。

2.任务训练的核心技能

采用正确的方式更改出售中的产品的标题。

3.任务操作详细步骤

（1）第一步：进入店铺后台。登录淘宝网，点击"千牛卖家中心"，进入店铺卖家后台。找到网页左边栏中"宝贝管理"功能模块，找到"出售中的宝贝"（图6-26）。

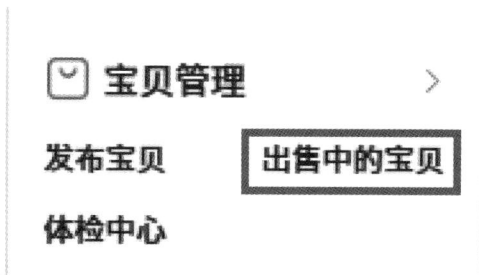

图6-26 出售中的宝贝

（2）第二步：点击"出售中的宝贝"显示出售中的宝贝列表界面（图6-27）。

图6-27　出售中的宝贝列表

（3）第三步：将鼠标移到宝贝标题上方，等待宝贝标题被激活并在标题后出现"小铅笔 ✎"图标（图6-28）。

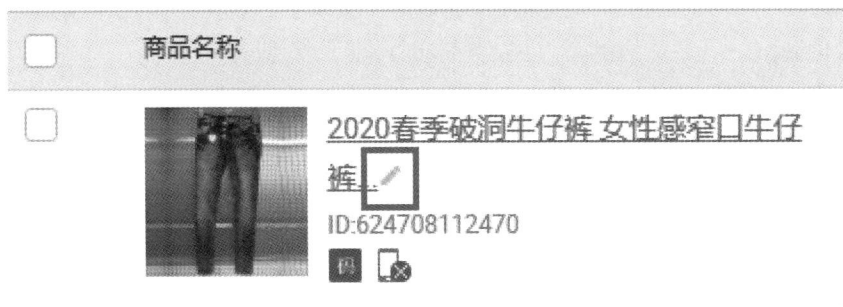

图6-28　准备修改宝贝标题

（4）第四步：点击"小铅笔"图标后跳出"编辑标题"对话框，在对话框修改标题即可（图6-29）。

图6-29　修改宝贝标题

二、类目和属性优化

（一）类目优化

在平台上，产品成千上万，种类繁多，名称各异，为了有效区分产品类别，便有了类目。类目是产品最基本、最重要的属性。宝贝类目在上货时选定，不能更改。如图6-37所示，发布这一宝贝时，选定的一级类目为女装/女士精品，二级类目为牛仔裤，此产品只有在这些类目下才能被展示。类目是淘宝搜索匹配最关键的排除因子之一，如果宝贝与类目不符，不但不能被搜索到，而且还会被判定为违规。

图6-30　宝贝类目选择

所以，宝贝的类目优化，首先要确保宝贝与类目相符。其次，部分宝贝，在类目匹配，特别是二级类目匹配上，存在选择的可能。而在淘宝，一个宝贝，一个相关搜索关键词，都有一个最佳匹配类目，在这一类目下，宝贝能获得更好的流量和销量。例如，衬衫款式的连衣裙，在二级类目上，连衣裙和衬衫都可以，那么如何选择就成为类目优化的重要内容。

任务：衬衫连衣裙类目优化

1.任务目标

为衬衫连衣裙款式选择最佳类目。

2.任务训练的核心技能

掌握复杂款式的类目选择方法。

3.任务操作详细步骤

（1）第一步：了解款式可选类目。登录淘宝网，点击"千牛卖家中心"，进入店铺卖家后台。找到网页左边栏中"宝贝管理"功能模块，找到"发布宝贝"（图6-31）。

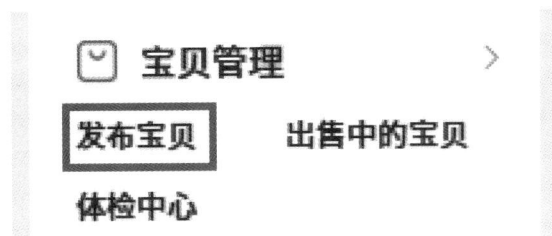

图6-31　发布宝贝

查看上货后台类目选择条目，根据产品性质，先熟悉可选类目有：一级类目"女士内衣/男士内衣/家具服"下"保暖上装"和"睡裙"这两个二级类目；一级类目"女装/女士精品"下"衬衫"和"连衣裙"这两个二级类目，如果款式宽松，还有"大码女装"。根据具体款式特点，我们假定我们款式为普通版日常穿着款，则可以先排除其他选项，只在"女装/女士精品"下"衬衫"和"连衣裙"这两个二级类目中选。

（4）第二步：了解搜索排位中同款类目选择情况。打开淘宝，以"连衣裙"关键词搜索，统计类似款式数量（图6-32）。

图6-32　"连衣裙"关键词搜索

由上图搜索结果可知，以"连衣裙"关键词搜索，大体类似款式数量前8位就有5个，初步统计，首页有16个。

（5）以"衬衫 女"关键词搜索，统计类似款式数量（图6-33）。

图6-33 "衬衫 女"关键词搜索

由上图搜索结果可知，以"衬衫"关键词搜索，大体类似款式数量前8位没有，初步统计，首页有2个。

（6）查看优秀产品类目选择。以"衬衫 连衣裙"关键词搜索，查找到款式类似产品，然后以"销量"排序（图6-34）。

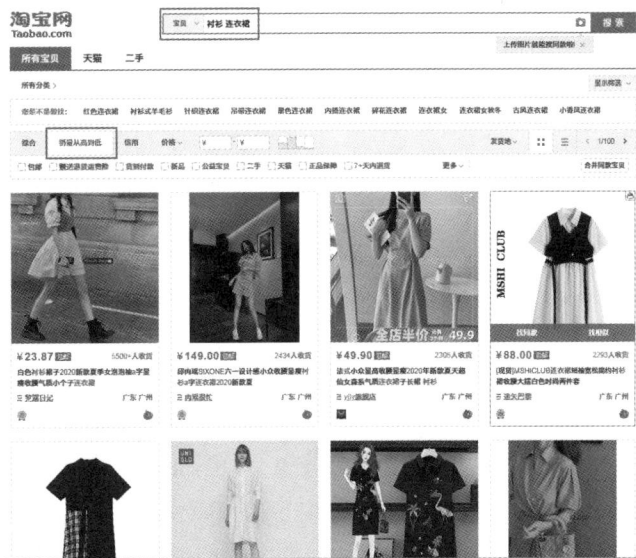

图6-34 "衬衫 连衣裙"关键词搜索

选择销量靠前的宝贝，点击打开，查看产品属性。从产品属性中有"裙长""裙型"可以看出，该宝贝所选产品属性为"连衣裙"（图 6-35）。

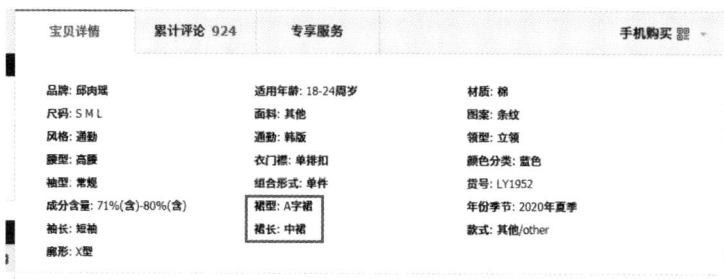

图6-35　查看宝贝属性

通过上述搜索结果可以清楚看到，本款式宝贝选择"连衣裙"类目无论在排位、流量还是销量上均远好于"衬衫"类目。所以，无论款式是连衣裙式衬衫，还是衬衫式连衣裙，都应该选择"连衣裙"类目。

（二）属性优化

宝贝属性是淘宝官方后台要求填写的，对宝贝产品特点，用文字形式进行的最重要、最直接的描述。与宝贝类目一样，宝贝属性在上货时填写，最好能一次填写完成，后期更改有被判"偷换宝贝"的风险。其后台填写位置如下（图6-36）：

图6-36　属性填写框

所以，属性优化在首次属性填写时就需要完成。目前为止，所有搜索引擎都只能识别文字，而属性是官方提供的宝贝描述中为数不多的具有"文字性"特点的位置，因此，属性具有重要的搜索意义。所以，宝贝属性优化，首先就是淘宝后台提供的属性填写位置，每一个都要认真填写，不得留空，为我们的宝贝争取更多被搜索到的机会。其次，在获取搜索流量方面，是将属性当成宝贝标题最重要的补充和强调。我们以"牛仔裤 女 九分"进行搜索（图6-37）。

图6-37 "牛仔裤 女 九分"关键词搜索

观察搜索宝贝结果，发现绝大部分宝贝标题包含"牛仔裤""女""九分"这些关键词，这符合淘宝搜索规则中搜索关键词与宝贝标题相符这一基本原则。但是，图6-37最右边宝贝的标题中，并没有包含"九分"这一关键词，那么，为什么它能被搜索到？点击打开该宝贝（图6-38）。

图6-38 "九分"属性显示

可以看到，其宝贝属性栏中，裤长设置为"九分"。由此可见，属性是标题最重要的补充，某些关键词标题没有而属性有，同样可以被搜索到。再打开其他宝贝，查看属性，都显示为九分裤。所以，在填写宝贝属性时，要与宝贝标题协调填写。针对某些关键词，在宝贝比较强势时，标题可以空出某些词位，由属性取代；某些要重点占位和主推的关键词，需要标题和属性同时强调。

宝贝属性除了在搜索上意义重大之外，也是淘宝在搜索结果页面提供给客户重要的"筛选器"。它可以直接保留或过滤某些宝贝。例如：我们以"牛仔裤 女"进行搜索，进入搜索结果页面后，可以点选相应属性，对搜索结果进行属性条件限制，从而开展筛选，保留符合我们要求的宝贝。例如，我们可选择裤长，点选九分。确定后，所有属性设置为"九分"的宝贝得以保留，其他宝贝筛选去除（图6-39）。

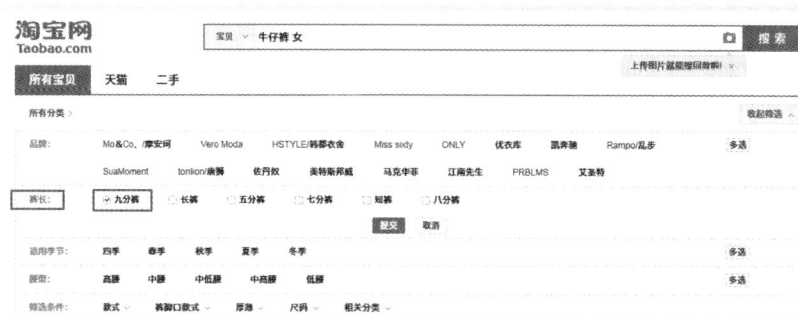

图6-39　属性筛选

三、主图优化

在电商中，店铺流量=展示量×点击率。点击率是指网页上某一内容被点击的次数与被显示次数之比，它反映了页面上某一内容的受关注及吸引程度。搜索优化都是为了宝贝能更好地被找到，即搜索时宝贝能被展示出来，且有好的排位，其本质是提高展示量。通过上面流量公式可见，要想提高流量，除了提高展示量，点击率也同样重要。顾客以某个关键词搜索，宝贝得以展示后，其单个展示效果如图6-40所示。

图6-40　宝贝搜索展示图

从上图可以看到，在搜索结果页，单个宝贝展示内容主要有主图、价格、销量、宝贝标题、店铺名称、店铺地址、宝贝打标等。其中，在吸引顾客点击上，宝贝主图最重要，其影响占比超过50%。所以，设计及优化好宝贝主图，对于提高点击率进而提高流量有着至关重要的意义。

（一）认识宝贝主图

首先，我们通过宝贝上新后台中的主图单元，来了解主图基本情况。需要注意的是，不同行业类目主图图片要求不同。女装/女士精品类目下，宝贝主图位既可以上图，也可以上视频。但在搜索展示页面，只显示主图图片。

主图图片采用"5+1"模式，即5张主图加1张长图。其中，5张主图中，展示页面只显示第一张，其他4张在详情页展示，最后1张为白底图。白底主图和长图都为女装类目特有，也都是为手机淘宝特别准备的。

（二）宝贝主图要求

平台为了统一的页面视觉效果，对宝贝主图有诸多规定。按照主图的种类，4张常规主图、1张白底主图、一张长图，要求各不相同。主要体现在尺寸、视觉要求等。

（三）主图优化

1.主图与标题匹配

第一张主图展示出来的宝贝款式特点要和关键词相匹配，相互印证。例如，以关键词"牛仔裤 女 破洞"搜索，部分展示结果如图6-41所示。

图6-41 主图与标题匹配

显然，客户期望找到款式有"破洞"这一特点的牛仔裤。在搜索结果页面，发现第二个宝贝标题"破洞"这两个关键词标红。然而，主图看不出"破洞"这一款式特点。显然，该宝贝款式不符合客服搜索目标，即使有了展示，点击率一定不会高。所以，我们需要特别留意主图和标题关键词的匹配，特别是和核心关键词的匹配。优化的要点是，主图必须体现标题核心关键词的特点，特别是显性特点，如颜色描述、长度描述等。

2.主图突出产品特点和卖点

主图设计最重要的就是突出产品特点和卖点。如图6-42所示，以关键词"牛仔裤 女 高腰"关键词查找，展示下图产品。通过主图，能明显看出"高腰"这一款式特点，也能看出其高腰部分弹力腰头和多扣设计，模特右手拉扯裤腿动作也突出其"有弹性"的特点。此主图设计充分体现该款式"高腰设计"和"弹性"的款式特点，卖点鲜明。

图6-42 卖点突出主图

3.主图视觉设计新颖

在视觉方面，主图设计的要点是，在确保图片不违规的前提下，突出卖点，创新设计，使图片相对新颖，在页面中能与众不同，瞬间吸引客户注意力。

（1）采取新颖的拍摄角度。例如，照片可采用俯拍角度拍摄平躺图，与众不同。

（2）采取新颖的模特姿势。例如，拍摄牛仔裤时模特大多采用站姿和坐姿，若采用蹲姿拍摄，可突出牛仔裤运动舒适的卖点。

（3）夸大局部。主图通常需要展示服装全貌，若聚焦某一部位特写，则可突出产品面料质量及细节做工等特点。

4.合理添加营销文字

在不影响主图设计的前提下，可根据需要合理增加文字，以达到一定的营销效果。需要注意：可为文字添加色块，弱化文字属性；控制文字区域大小，面积尽量不要超过主图面积的四分之一；控制文字区域的数量，同一主图文字区域尽量连贯在一处，避免多处分布；控制文字区域的位置，文字区域在图片边缘或角落，避免在中心位置；文字主要描述宝贝卖点和优势或者强调营销活动，描述要简洁有说服力。

5.更换主图的节奏和方法

主图需要根据店铺点击率不断优化更换。但在主图优化更换过程中，务必注意更换节奏和方法。首先，主图不能随意更改。一个主图上线后，起码持续上线1~2周，在获取主图点击数据后，再考虑是否更换。其次，第一张主图不能直接更换，直接更换第一张主图有被系统判定为"偷换宝贝"的可能。如果要更换第一张主图，需要先将预备换的图提前挂到第二张图的位置，起码挂1天后，系统才默认其为主图之一，再将其移到第一位。再次，主图更换时，不要一次更改太大，最好一次换一个元素，慢慢比较测试。

四、详情页优化

在电商中，只有转化为销量的流量才有实质的意义。销量和流量的关系为：店铺销量=流量×转化率×客单价。计算方法为：转化率=（产生购买行为的客户人数/所有到达店铺的访客人数）×100%。对于商务活动而言，要想提高销量，除了提高流量，转化率同样至关重要。宝贝详情页则是决定转化率最重要的一环。

（一）优化详情页图片和代码，提高页面质量和加载速度

电商环境下，客户选择自由大大增加，跳失代价极低，因而普遍缺乏耐心。数据显示，客户在点击链接后，目标网页不能在3秒钟内完整显示出来，会有超过95%的客户直接关闭网页。所以，页面的响应速度变得极其重要。除了网速和硬件设备等我们不可控因素外，优化详情页图片和代码，提高网页质量和加载速度，是电商卖家必须要做的。基于提高网页质量和加载速度的详情页优化，主要从两个方面开展工作：

一是优化详情页图片。众所周知，同等尺寸大小的图片，体积越小，图片清晰度越低，网页加载速度越快。优化详情页图片优化就是要在图片清晰度和图片大小之间寻求最佳的平衡。

二是优化详情页代码。优化详情页代码主要是提高代码质量，减少代码数量，从而减少乱码的可能，减少浏览器解释代码的时间，从而提高网页加载质量和速度。并利用代码，添加关键词，增加详情页搜索权重。

详情页代码优化的详细操作，可参看本书中"模块四—项目三—第三节"相关内容。

（二）做好图文分离、增加文字搜索机会，便于批量化修改和后期协同操作

详情页图文分离的要点是将详情页中有搜索意义和需要经常修改的文字通过排版设计，从图片中独立出来。

目前，搜索引擎只能识别文字，不能识别图片。所以，将详情页中有搜索意义的文字从图片中分离出来，可以增加网页被搜索引擎抓取到的几率，从而增加宝贝被展示的机会。

另一方面，在一家服装店铺中，普遍存在同系列不同款式宝贝共用一个详情页版式设计的情况，如同一家店不同款式的所有牛仔裤用同一详情页版式设计。不同宝贝共用同一详情页版式设计，需要更改具体照片和参数。如果将这些参数做成代码文件而不是图片文件，那么后期就可以直接对参数进行修改，而不需要用图片处理的方式进行多重处理。这样将使宝贝详情页修改变得更加简便直接，也更利于分工操作。

（三）突出产品卖点

卖点，产品卖点即与竞品相比的差异化优势，是商品销售链条中最核心的环节，是交易成功的决定因素。详情页要促进客户转化，最重要的是把产品的卖点准确地传达给客户。假如你的产品卖点提炼得不好，就无法打动消费者去接受你的产品。这样，其他所做的一切也

都毫无意义。卖点只有具备差异化和优势两个显著特征，才算得上一个合格、真实的卖点。主要从两个方面入手：首先，突出产品的特性、效果及给客户带来利益；其次，与竞品比较所具备的独特差异。详情页设计时，要始终围绕上述比较优势开始创意，制作相应详情页图片。

（四）优化详情页视觉营销设计

详情页设计，属于典型的商业设计，其与纯粹的艺术设计有着本质的差别，绝不是仅仅追求视觉艺术效果这么简单。在设计时，必须明确的原则是，详情页设计最终目的是促进销售。详情页的内容本质上只有包含两个要点，其一是说清楚买家迫切需要及对产品要了解的问题，其二突出产品卖点。围绕这两个要点，再开展详情页视觉设计。

1.详情页风格设计必须符合产品目标客户的人群定位

详情页是给目标客户看的，所以详情页的设计，需要符合目标客户的审美要求。例如，华丽复古风、小清新风、文艺风、欧美风、ins风、时尚风、喜庆风等，要采用哪一种，主要看产品定位（消费人群、产品价格、款式、功能等），并与店铺设计相协调。显然，面向都市职业女性的通勤装和面向学生的休闲装的详情页设计风格是完全不同的。

2.要特别重视详情页黄金30秒

研究数据显示，客户进入详情页后的前30秒，是注意力相对集中，并形成初步购买决策的时间。因此，前30秒是宝贝最重要、最佳的展示时间。所以，在可以预见的页面浏览前30秒内，要将宝贝最关键的信息，突出的卖点呈现给客户，相对不太关键的信息要安排在页面靠后的位置，起到辅助、佐证、加强的作用。

3.规划好详情页内容

服装产品详情页需要讲解的内容较多，在视觉设计时，为了更好安排，使其内部有一定的逻辑联系，我们通常将其分为单元块。服装产品的详情页，通常有如下单元块："意境图""关联销售图""模特展示图""设计解释""产品说明和尺寸""穿着场景图""平铺图""服装材料展示图""服装工艺展示图""竞品比较图""买家秀及好评截图""搭配推荐图""购物须知""物流及说明"等，根据不同款式特点，选择或突出不同的单元，并对其先后顺序进行排列设计。

五、其他店铺影响因子优化

宝贝要取得好的流量，无论在搜索展示还是在点击上，除了宝贝本身，还有一个重要的影响因子为店铺因素。

（一）店铺性质、资质

店铺性质主要体现在是天猫店还是淘宝C店，其中，淘宝C店又分为个人店和企业店。同等条件下，品牌影响、质量保障等软实力上，天猫店较淘宝C店有相对优势，淘宝企业店较个人店有优势。

（二）店铺信用等级及动态评分

在淘宝网，每完成一笔交易，买家就可以对卖家评价一次，即信用评分。信用评分对店铺有两方面影响：

1. 评分决定店铺信用等级

买家每次评分可总体分别生成为"好评""中评""差评"。每得到一个"好评"，就能够积累1分，中评不得分，差评扣1分。淘宝C店信用等级体系中，250以内的评价积分用红心来表示，251~10000评价积分用蓝色钻石来表示，1001~500000评价积分用蓝色皇冠表示，500000以上评价识分的信用等级用金色皇冠表示。积分越多，店铺等级越高。

2. 店铺动态评分（DSR）

淘宝信用评分中，每次买家评分除总分外，还细分为宝贝与描述相符、服务态度、物流服务三项指标分，每项指标分取连续六个月内所有买家给予评分的算术平均值，即为店铺动态评分。店铺动态评分对店铺而言至关重要，影响如下：

首先，影响搜索排名及转化率。店铺DSR数值持续下降，会直接导致店铺的综合质量得分下降，进而影响宝贝的自然搜索排名。同时，淘宝许多买家在购买商品时，会关注DSR数值。数据显示，DSR数值标绿的店铺，无论在宝贝展现还是转换率方面，均明显低于标红的店铺。所以，店铺经营中，要持续提高服务质量，严控差评，多追好评，提高DSR值。

其次，申报活动受限。店铺如果要申报参加淘宝官方活动，如果店铺的DSR评分较低，将直接影响活动的申报及审核通过率。

再次，DSR可助力店铺获得淘宝金牌卖家标志。"金牌卖家"已经成为淘宝C店的主要优势标志，而DSR分数是评估一家商店能否成为淘宝金牌卖家的一个重要因素。

（三）店铺是否加入"消费者保障服务"

"消费者保障服务"是淘宝旨在保障网络交易中消费者合法权益的服务体系。具体服务项目有："商品如实描述""7天无理由退换货""假一赔三""虚拟物品闪电发货""正品保障"等，其中，"商品如实描述"为加入消费者保障服务的必选项，其他项目由卖家自行选择加入。加入"消费者保障服务"，宝贝上会加上特殊标记，有独立的筛选功能，在商品推荐、服务优惠活动等服务上享有一定优势和优先权。所以，在自身条件允许的情况下，建议尽可能多的项目加入"消费者保障服务"。

（四）店铺旺旺响应速度

旺旺响应速度指的是某一时间段内，客服回复买家时间差的平均值。旺旺响应速度，特别是第一次响应速度，对买家是否愿意继续沟通乃至最终交易成功有决定性的影响。

提高旺旺响应速度，绝不仅仅为了提高店铺的表面数据，更是为了提高店铺客服的服务热情度，并能帮买家迅速解决问题，从而促进交易成功。提高旺旺响应速度，主要从以下三个方面入手：

（1）提高客服的服务意识，只有建立客服自觉主动做好服务工作观念和愿望，提供快速优质的客服服务才真正成为可能。

（2）增加客服业务知识能力储备，如专业知识、打字速度等。只有客服具备服务和解决问题的知识能力，让客服在应对买家时才能更加娴熟、灵活，服务质量才有保障。在服装服饰行业，客服不但要掌握常规的客服话语，更应该掌握宝贝的款式特点、适应人群、甚至能在着装审美、服饰搭配等领域提供更专业的咨询建议。

（3）建立健全客服奖励考核制度。

（五）店铺主营类目占比

判断一个店铺的主营类目的标准为，即该店铺最近卖出去较多的产品的类目，即为该店铺当前的主营类目。主营占比是由淘宝系统自动识别而成，无法自行修改，且会根据店铺的成交情况变化而变化。计算周期为每天计算近30天之内的数据。其优化要点：同一店铺最好专注做某一类目的产品，同一店铺同时售卖多种不同类目产品，会打乱店铺标签，扰乱店铺主营类目占比，从而极大地影响店铺的权重，进而影响流量和销量；同一店铺不要经常换类目，更换类目使得以前类目的权重损失殆尽，宝贝主营类目占比低，如果店铺的主营类目总是变动且占比低，会导致店铺产品定位不明确、不专业，搜索流量自然难以保障。

（六）店铺支付宝使用率

支付宝使用率是衡量交易中支付宝使用金额的相对指标，按照月统计计算，其计算公式为：实际使用支付宝的金额/买家拍下商品的总金额×100%。如果支付宝使用率低，轻则影响店铺搜索权重和官方活动申报，重则有关店风险。对于每笔交易而言，在单价已经确定的情况下，优化"支付宝使用率"，无非是控制"实际使用支付宝的金额"尽量不减少，"买家拍下商品的总金额"不增加。针对这两种情况，优化处理方法为：尽量不要拍下后改价，特别是大幅度改价，实在要让利，可以考虑送礼品等不影响付款额的方法；尽量减少客户拍下不付款的情况发生，遇到买家未付款的交易，不要急于关闭，要密切跟踪，做好售前服务，促成交易，同时对于一些恶意拍下不付款的情况，可向淘宝申诉，争取不计入店铺拍下商品金额。

（七）店铺退货率

退货率是指宝贝售出后由于各种原因被退回的数量与同期售出的产品总数量之间的比率。于商家而言，高"退货率"不但拉低实际销量，增加库存，增加售后工作量，还影响店铺权重，百害而无一利，是卖家必须控制的关键数据。服装服饰产品由于其产品特殊性，"退货率"要远高于其他类目产品。其原因除了和其他类目商品产品一样存在的质量问题而导致退货，服装特有的尺码问题，个体实际着装效果问题更是导致退货的主因。针对服装服饰行业，排除某些"客户喜好"之类不可控因素外，卖家优化"退货率"途径主要有：

1.确保服装质量与描述相符

在服装电商中，客户收到产品后，感觉实际产品与页面描述不符，不能达到自己的期望，从而产生退货的三大可能及解决办法：

（1）客户收到的产品客观存在质量问题，如产品为残次品、服装出现脱线爆线等问题。解决办法是优化产品端，加强产品品控，提高产品质量，从源头上杜绝残次品流入客户端。

（2）卖家发货出错，如发错尺码、颜色，错发、少发配件、赠品等。解决办法是建立良好的库存管理和发货机制，发货前认真检查核对，确保与订单相符。

（3）产品质量与描述有出入。卖家为了促进销售，在描述中常常将产品质量夸大，客户收到实物后感觉与期望有落差。在描述中，使用的图片由于美化修图、照片失真（如照片偏色）等主客观原因与实物不符，从而导致客户退货。所以，在详情页描述中，产品质量特点和竞争优势的描述不可太夸大，描述要尽可能真实反映产品质量，让顾客对其有正确认知。

2.控制好服装尺寸

服装尺寸不合适是服装服饰类目客户退换货最常见的问题。客户方面，导致尺寸不合可能是客户自己测量不准确。所以，正确的测量方法指导和售前沟通极其重要。卖家方面，首先要确保描述尺寸尽量与实物相符，不能有大的误差。缩水面料要提前讲清楚。其次，尺寸适合人群要尽量做细，合体度高的服装最好有模特试穿报告。

项目三　店铺营销活动

服装电商营销与推广，是卖家基于互联网络，发现或发掘准消费者需求，让消费者了解所卖产品进而购买该产品的过程。与广义的电商营销推广不同，就普通淘宝服装卖家而言，营销与推广则可更具体理解为，卖家在淘宝网这一平台下，为达到获取更多潜在客户，进而促进更多购买目标而开展的营销活动。在淘宝平台，卖家可开展的营销活动主要有两大类：卖家在自己的店铺发起的店铺营销活动和卖家参与由淘宝平台主导发起的官方营销活动。

一、店铺营销活动设计

店铺营销活动是卖家在自己的店铺发起的活动。活动自由度高，内容完全由卖家掌控。正是由于自由度高，所以店铺开展营销活动更需要做好策划，设计好活动各个环节，才能达到既定的营销目标。

（一）明确活动目标

明确活动目标是开展营销活动的基础。对于淘宝服装卖家而言，开展店铺营销活动，其目标主要有三个：销售产品、增加店铺流量、宣传店铺和品牌。需要说明的是，任何营销活动带来的影响都是多方面的，如卖货的同时，自然带来了流量。所以，明确活动目标是明确活动最核心、最主要的目标，目标不同，所使用的方法自然不同。

（二）做好活动准备

店铺营销活动往往会在短期内引来较平时大得多的流量和销量，所以，活动开始之前，必须做好活动相关的准备工作，以保障活动的顺利开展。其主要有：准备产品库存、培训客服、做好相关美工设计、沟通准备好物流、做好应急预案等。

（三）选择方案

店铺营销活动方案根据活动目标不同而不同。通常，服装类目淘宝店的营销活动多是基于销售产品的促销活动，其中可选方案如下：

1.打折

打折就是在原来售价的基础上让利、减价，几折则表示实际售价占原来售价的成数。打折方式简单直接，客户接受度高。需要留意的是，为了给客户一个心理上的理由，打折需要选择适当的时机，如节庆日、换季时节或新品上市。

2.满减

满减即购买多少金额后减多少金额。例如满100减20。给客户的感觉相当于8折，而实际上，客户可能需要花更多。正因如此，对于卖家而言，满减最大的好处在于可以引导客户额外购买，产生更多的关联和联动销售，从而提高销量，提高客单。

3.满送（满赠）

与满减购买多少金额后减多少金额略有不同，满送是将满减后直接送的金额变为赠品。其中，赠品可能是优惠券或礼品。由于赠送的无论是优惠券或礼品，实际都是相当于客户已经用赠送的金额购买了商品。所以，满赠较满减更能提高销量并提升利润率。满送活动设计的最大难点在于赠品的选择，理想的赠品是，受客户喜欢，且产品本身价格低但心理价值大于赠送金额的商品。

4.直接赠送

客户无需在店铺购买任何产品或服务，直接赠送如代金券、礼品、试用品等。于店铺而言，赠送最大的目的是宣传店铺和品牌、增加店铺曝光，也可引发部分关联销售，代金券还可促进后续的销售。

二、店铺营销工具的订购与应用

店铺营销工具是淘宝平台为方便淘宝店家使用，专门用以设置店铺营销活动的工具。使用最广泛的有限时打折、优惠券、店铺宝等。通常在设计好营销方案后，应用店铺的营销工具进行设置。

☞ 任务："优惠券"的订购与应用

（一）任务目标

淘宝营销工具的订购与应用。

（二）任务训练的核心技能

掌握通过边栏菜单和服务市场订购淘宝营销工具，并根据店铺营销计划进行工具设置。

（三）任务操作详细步骤

（1）第一步：打开后台："千牛卖家中心"—"营销中心"—"店铺营销工具"。找到工具后台，点击对应工具图标。如果没有想要的工具，可以点击"全部工具"，进入所有工具选择页面。所有工具划分为"官方推荐""优惠促销""店铺引流""互动营销"四大类，可分类选择。

（2）第二步：订购"优惠券"工具。点击"优惠券"图标，如果该工具还未订购，则会显示未订购页面，如果该工具已经订购，则直接跳转到该工具设置页面。在工具未订购页面，点击"去订购"，页面跳转到"淘宝服务市场"，显示该工具购买页面。选择订购"周期"，一般可先试用，选择"15天免费试用"，点击"立即购买"。在购买页面，勾选"同意协议"项，点击"同意并付款"。

（3）第三步：打开"优惠券"工具。购买完成后即可使用该"优惠券"工具设置店铺优惠券。可以在"千牛卖家中心"左边栏"我订购的应用"—"营销推广"中，找到已经订购的该工具的图标，点击即可打开。也可以点击"千牛卖家中心"左边栏"软件服务"右边小箭头，在跳出的对话框中选择点击进入"我的订购"。在"我的订购"软件服务页面，可选择对应的栏目"未过期"或"最近购买"，都可以找到已经订购的"优惠券"图标，点击即可打开。除了淘宝后台"商家推荐"的工具以外，淘宝有非常多的营销工具。要订购这些工具，可以打开淘宝"服务市场"，直接在服务市场搜索，搜索到相应服务后，进行试用和订购。

（4）第四步：打开"优惠券"工具。打开"千牛卖家中心"，在左边栏"我订购的应用"—"营销推广"中，找到已经订购的"优惠券"的图标，点击打开，进入"优惠券"设置主页面。

（5）第五步：设置"优惠券"。可选择自定义新建或从模板新建，前者自由度更大，后者相对简单，方法大同小异，卖家可根据自己需要选择。优惠券按适用对象范围的不同分"店铺优惠券""商品优惠券"和"裂变优惠券"三种，分别适用全店所有商品、指定商品、分享和被分享者。

（6）第六步：设置店铺优惠券。设置店铺优惠券时，必须设置项目为："优惠券名称""优惠券时间"（即优惠券有效开始到截止日期，全程不能高于60天）"低价提醒"（此项为提醒卖家优惠券叠加最低价格风险选项）"优惠金额"（有字段限制，金额为1/2/3/5及5的整数倍金额，面额不得超过1000元）"使用门槛"（即购买商品金额满多少减）"发行量""每人限额"；选填项目为"活动目标"。先填写优惠券基本信息再填写优惠券面额信息。可设置多张面额的优惠券，以应对满不同交易金额的优惠面额。点击右上角"增加新面额"，添加同优惠活动名称不同面额店铺优惠券。

（7）第七步：设置完成后，点击页面左下角"资损风险校验"，校验通过，跳转页面，显示设置成功。店铺优惠券创建成功后，可在优惠券页面下端查看。优惠券创建好后，可对优惠券发行量和发行张数进行修改，也可随时结束，还可以复制优惠券链接，以发给客户或用于其他店铺代码制作。

三、关联营销

宝贝关联营销，是指在一款宝贝详情页面上，添加同类型或者有关联的产品链接，对客户实现深层次、多方位的引导，从而实现多款对比和交叉销售。关联营销通过店内引流，提高店内宝贝的曝光率，从而提升转化率、提高客单价，也增加了用户自主选择，提升了店铺的黏性。

（一）关联宝贝选择

关联营销中，关联宝贝的选择非常重要。所选择的关联宝贝，必须与现款详情页宝贝存在某种逻辑上的联系。通常，选择的逻辑基于以下几种：

1.类似宝贝

类似宝贝首先指产品款式特征类似，如详情页展示产品为某款破洞牛仔裤，则关联其他有破洞设计的牛仔裤。类似产品同样也可延伸到价格、销量类似，如详情页展示产品为某款售价100元的连衣裙，则关联其他价格同样在100元上下的连衣裙（图6-43）。

图6-43 类似关联推荐

2.搭配宝贝

搭配宝贝通常指互补和配套产品，这在服装服饰类目更加顺理成章。服装通常可以配套销售。例如，详情页展示产品为某款牛仔裤，则关联搭配休闲T恤；详情页展示产品为某款宽松外套，则关联搭配束腰皮带（图6-44）。

图6-44 搭配关联推荐

（二）关联营销模块的大小和位置

关联营销除了宝贝的选择，其模块的大小和其在详情页面中的位置也十分重要。

1.关联营销模块大小

在固定宽度的详情页面，关联营销模块长度如果太长，会给客户不是在看详情页，而是在看类似产品列表页的错觉，也消耗客户的耐心，影响消费体验，从而增加详情页跳失率。根据视觉和心理习惯，建议关联营销模块的长度，尽量不要超过一屏的长度，宝贝数量也不宜太多，视觉设计宜简洁明快。

2.关联营销模块位置

关联营销模块在详情页中的位置，通常有放置在详情页中宝贝描述前或后这两种选择，两者各有优劣，适用不同类型宝贝的详情页。放在宝贝描述前，可以快速让顾客浏览到，从而增加关联商品的展示量。但是，由于其先于宝贝描述展示，所以其与描述宝贝心理关联度低，从而导致关联营销效果相对较差。这种位置通常适合描述宝贝为新品或产品力一般的详情页。放在宝贝描述后，由于客户先浏览了宝贝描述，所以其与描述宝贝心理关联度高，关联营销效果更好。但由于其位置靠后，浏览量自然下降。这种位置相对更适合描述宝贝为强势产品的详情页。但是，如果描述宝贝是主推的、产品力强的优势产品，则可将关联营销模块放在宝贝描述之前，这样，既可以利用位置优势增加展示量，也可以发挥描述宝贝优势，吸引客户回头浏览关联营销模块。

四、官方营销活动

淘宝官方活动是淘宝官方主动发起的，为了提升淘宝平台本身市场份额或商家销量的行为。淘宝官方活动流量大，客户精准，影响力大。与店铺活动可根据需要自由设置不同，不同淘宝官方活动对卖家店铺的性质、信誉、产品、折扣率等有不同要求，如需参加活动，卖家需要在店铺后台向淘宝申请，淘宝同意方可参加。

淘宝官方营销活动主要分三大类："官方大促""营销活动"和"行业活动"。其中，"官方大促"即淘宝官方发起的一系列大型综合性促销活动。如"双十一"，已经成为名副其实的购物狂欢节，中国电子商务行业的年度盛事。"营销活动"即淘宝官方发起的各种主题鲜明的营销活动，如聚划算（团购）、百亿补贴（全网底价）、天天特卖（极致性价）、淘抢购（限时限量闪购）；"行业活动"即淘宝官方发起的针对某一行业的营销活动。

在如今流量获取难度和代价越来越大、竞争越来越激烈的服装电商市场环境下，自带高流量的淘宝官方活动，成为大多数淘宝服装卖家店铺营销的必备之选。

参考文献

[1] 魏亚萍. 电子商务基础[M]. 北京：机械工业出版社，2018.

[2] 淘宝大学. 网店推广[M]. 北京：电子工业出版社，2014.

[3] 麓山文化. 零基础学Photoshop淘宝美工设计[M]. 北京：人民邮电出版社，2020.

[4] 王伟. 淘宝SEO网店流量疯涨的秘密[M]. 北京：电子工业出版社，2013.

[5] 明日科技. HTML5从入门到精通[M]. 北京：清华大学出版社，2019.